홍대리의
아빠수업
콘서트

홍대리의 아빠 수업 콘서트
(현직 교사와 150인의 아빠가 알려주는 행복한 멘토링 교과서)

[행복한 교과서®] 시리즈 No.11

지은이 I 이서윤
발행인 I 홍종남

2014년 12월 24일 1판 1쇄 인쇄
2014년 12월 29일 1판 1쇄 발행

이 책을 만든 사람들
책임 기획 I 홍종남
디자인 I 김효정
교정 I 이홍림
출판 마케팅 I 김경아
삽화 I 김도경

이 책을 함께 만든 사람들
종이 I 제이피씨 정동수
제작 및 인쇄 I 다오기획 김대식

{행복한출판그룹} 학부모 서포터즈
김미라, 김미숙, 김은진, 나은영, 박기복, 박민경, 송지현, 오주영,
윤진희, 이승연, 이인경, 이지현, 임혜영, 전진희, 정인숙

펴낸곳 I 행복한미래
출판등록 I 2011년 4월 5일. 제 399-2011-000013호
주소 I 경기도 남양주시 도농로 34, 부영아파트 301동 301호
전화 I 02-337-8958   팩스 I 031-556-8951
홈페이지 I www.bookeditor.co.kr
도서 문의(출판사 e-mail) I ahasaram@hanmail.net
내용 문의(지은이 e-mail) I yminlee@naver.com
※ 이 책을 읽다가 궁금한 점이 있을 때는 지은이의 e-mail을 이용해주세요.

ⓒ 이서윤, 2014
ISBN 979-11-950214-8-2
〈행복한미래〉 도서 번호 029

:: [행복한 교과서®] 시리즈는 〈행복한미래〉 출판사의 실용서 브랜드입니다.
:: 이 책은 신저작권법에 의거해 한국 내에서 보호를 받는 저작물이므로 무단 전재 및 복제를 금합니다.

홍대리의 아빠수업 콘서트

현직 교사와 150인의 아빠가 알려주는 행복한 멘토링 교과서

이서윤 지음

행복한미래

> 프롤로그

좋은 아빠 100일의 기적, 당신이 주인공입니다

　고등학교 시절, 같은 반 친구의 아버지께서 돌아가셨다는 소식을 들었습니다. 우리는 모두 애도를 표했습니다. 그런데 처음에는 친구의 어머니께서 돌아가셨다고 소식이 잘못 전해졌습니다. 당시 반장이었던 저는 친구들에게 조심스럽게 말을 꺼냈습니다.

　"정희 어머니께서 돌아가셨대. 우리 각자 조금씩 돈을 내서 조의를 표하자. 얼마씩 걷을까?"

　친구들은 깜짝 놀라며 안타까워했습니다. 당시 한 반에는 30명 정도의 학생이 있었는데 우리는 만 원씩 걷어서 30만 원을 전달하자고 의견을 모았습니다. 그런데 돌아가신 분이 어머니가 아니라 아버지라는 사실을 다시 듣게 되었습니다.

　"애들아, 아까 잘못 전달이 되었어. 어머니께서 돌아가신 게 아니라 아버지께서 돌아가셨대."

　어머니께서 돌아가시든, 아버지께서 돌아가시든 둘 다 슬픈 일인 것은 마찬가지입니다. 그런데 그 이야기를 들은 친구들은 웅성거리더니 돌아가신 분이 어머니가 아니라 아버지셨냐면서 그러면 만 원씩 걷지 말고 5천 원씩 걷자는 것이었습니다. 그리고 많은 친구들이 동의를 표했습니다. 고등학생이었던 자녀들이 아버지께서 돌아가셨다고 하면 5천 원씩 조의금을 걷자고 하고 어머니께서 돌아가시면 만 원씩 조의금을 드리자는 사실은 무엇을 의미할까요? 그만큼 자식들에게 아빠의 자리는 비좁았던 게 아닐까요?

'당신 인생에서 가장 소중한 것은?'이라는 내용으로 한 출판사에서 6개월간 설문조사를 진행했다고 합니다. 가족(1위), 사랑(2위)이 가장 많이 꼽혔고 이어 나(3위), 엄마(4위), 꿈(5위) 순이었다고 합니다. 응답자의 70%가 20~30대 초반이었습니다. 대부분의 응답자가 젊은 층인 설문조사에서 인생에서 가장 소중한 것이 무엇이냐는 질문에 '엄마'가 4위인 반면 '아버지'는 23위였습니다. 엄마보다 한참 아래, 돈보다 조금 더 아래에 아버지가 오른 것입니다.

왜 아빠의 소중함은 엄마의 소중함에 비해 더 작게 생각될까요? 이 결과는 경제적인 지원을 해주는 것만이 아빠의 역할이 아니라는 사실을 분명히 알려주고 있습니다.

아이에게, 가족에게 인정받는 소중한 아빠가 되기 위해서는 스스로 노력하여 아빠의 자리를 만들어가야 합니다. 아빠는 엄마에 비해 더 의식적으로 노력을 해야 '진짜 아빠'가 될 수 있습니다. 아빠와 아이 사이의 거리를 줄이지 않고 놓아두면 점점 멀어지게 됩니다. 그러나 대부분의 아빠는 당연하다는 듯이 엄마에게 부모의 자리를 모두 내어줍니다. 그리고 회사일에, 바깥일에 더 신경을 쓰다 보면 어느새 아이는 커버리고, 집에 돌아가도 아빠는 소외감만 느끼게 되기 쉽습니다.

아빠의 사랑을 받는 아이들은 그렇지 못한 아이들과는 다릅니다. 자존감이 높고 올바른 성정체성을 갖고 있으며 학습능률도 높습니다. 대화를 할 수 있는 아빠, 정신적인 지지를 받을 수 있는 아빠가 있는 아이들은 사춘기도 잘 보냅니다. 교실에서 만나는 아이들은 아빠의 사랑을 그리워하고 있습니다.

요즘은 육아와 교육에 관심이 많은 아빠들이 이전에 비해 부쩍 늘어나고 있습니다. 그래서인지 아빠들이 쓴 책도 많습니다. 아빠가 육아 경험을 담담하게 에세이로 쓴 책, 각종 놀이를 소개하는 책, '아빠 효과'에 관한 각종 실험결과를 알려주는 책도 있습니다. 또 블로그에 꾸준히 육아일기를 쓰는 아빠들도 많습니다. '100인의 아빠단', '아빠학교' 등의 카페에 가입하여 서로의 정보를 공유하고 아이들과 함께했던 모습을 올리기도 합니다. 정말 대단하다는 말이 절로 나오는 아빠들입니다. 도대체 이런 아빠들은 어떤 사람들이기에 이렇게 다를 수 있었을까요? 아무리 육아하는 아빠가 늘어났다고는 하지만 대부분의 사람들에게 이러한 아빠들의 모습은 처음부터 그들이 대단하고 별난 사람들이기 때문에, 보통의 남자들과는 다르기 때문에 가능하다고 여겨집니다. 그래서 저는 그 아빠들을 만나고 인터뷰하기로 마음먹었습니다. 그런데 인터뷰에 앞서 육아에 적극적으로 참여하는 아빠들로부터 꼭 해결하고 싶은 궁금증이 몇 가지 있었습니다.

첫째는 적극적인 아빠가 되는 데 특별한 계기가 있었는가 하는 것입니다.

둘째는 육아와 교육을 하는 것이 힘들지 않는가 하는 것이었습니다. 물론 힘든 것은 당연하겠지만 계속해서 '아빠 육아'를 하게 하는 원동력이 무엇인지 궁금했습니다.

셋째는 직장생활과 가정일을 둘 다 잘하기 위한 방법, 직장과 육아의 줄다리기에서 성공하기 위한 방법이 있는가, 하는 것입니다.

책을 읽어가며 위의 세 가지 질문에 대한 답을 함께 찾았으면 좋겠습니다. 또 인터뷰를 하며 알게 된 사실 중 하나는 그들이 원래부터 특별해서 육아에 참여한 것도, 다른 아빠들보다 더 큰 부성애가 있어서 전혀 힘들어하지 않는 것도 아니라는 사실이었습니다. 많은 분들이 처음에는 단순히 육아에 참여하는 아빠들을 보며 '나도 한번 따라해볼까?'라고 '마음먹었고' 따라하다 보니 행복해졌다고 말했습니다. 육체적인 힘듦보다 정신적 행복감이 더 컸기 때문에 계속해서 육아에 참여할 수 있었다고 이야기합니다.

이 사실은 누구나 좋은 아빠가 될 수 있다는 사실을 알려줍니다. 요즘 들어 사회의 변화와 각종 언론매체의 영향으로 아빠들의 인식도 점차 변하고 있습니다. 하지만 아직도 좋은 아빠는 나와는 다른 사람, 유난을 떠는 사람, 집에서 대우받지 못하는 남자라는 인식 역시 강해서 부담스럽기만 합니다. 저는 좋은 아빠들에게 "주변 사람들에게 공공의 적이 되지는 않으셨나요?"라고 물었습니다. 그런데 놀랍게도 많은 아빠들이 "주변에서 오히려 은근히 부러워하더라고요."라고 말하였습니다. 이제 달라진 시대에서 좋은 아빠가 되는 것은 결국은 자신을 위한 일이라는 사실을 알면 아이에게 좋은 아빠가 되어보겠다는 마음을 먹는 것이 조금은 더 쉽지 않을까요? 마음을 먹는 것이 시작입니다. 이제 당신의 차례입니다.

이 책에서는 아빠로서 평균은 된다고, 아이에게 할 만큼은 하고 있다고 생각하는 대한민국 평범한 남자에서 좋은 아빠가 된 아빠들의 이야기를 실제 인물들을 바탕으로 한 '홍대리'라는 가상 인물에 고스란히 녹였습니다.

좋은 부모가 된다는 것은 좋은 인생을 산다는 것과 같은 말입니다. 아이에게 좋은 아빠가 되어가는 '좋은 아빠 100일의 기적'을 대한민국 대표 아빠 홍대리와 함께해나가시기 바랍니다. 그러다 보면 몇 십 년 후의 설문조사에서는 아빠의 순위가 올라 있겠죠? 우리 아빠가 있었기 때문에 훨씬 행복했다는 말이 아이의 입에서 나올 수 있기를 기대합니다.

마지막으로, 좋은 아빠가 되는 것은 개인적인 노력뿐 아니라 사회 전체의 공동체적인 노력이 필요한 일입니다. 저출산에 대한 해결책은 밤늦게까지 아이를 맡길 수 있는 돌봄센터를 만드는 게 아니라, 부모들이 집으로 빨리 돌아가 아이를 만날 수 있도록 하는 것입니다. 형식적인 노력이 아니라 건강한 가족문화를 만들 수 있는 실질적인 노력을 정부와 기업이 다 함께 했으면 좋겠습니다.

이 책을 완성하기 위해 많은 분들이 도움을 주셨습니다. '아빠학교' 100명의 아빠들을 비롯해서 사전 설문조사에 참여해주신 많은 아빠들, 보건복지부에서 운영하고 있는 '100인의 아빠단'을 통해 인터뷰에 응해주신 열한 분의 아빠들, 그리고 좋은 아빠들과 인터뷰로 인연을 맺게 해주신 '100인의 아빠단' 보건복지부 담당자 여재구님, 가족관계 심리검사를 통해 아빠와 아이들의 관계 분석에 도움을 주신 옆 반의 이지영 선생님, 설문조사를 만드는 데 도움을 주신 유성목 대표님, 설문조사를 해준 학생들, 그리고 좋은 책을 기획해주신 〈행복한미래〉 홍종남 대표님 등 많은 분들의 노력 끝에 책이 완성될 수 있었습니다. 마지막으로 저를 세상에서 가장 사랑해주시는 부모님, 특히 이번에는 아버지께 감사하다고, 사랑한다고 말씀드리고 싶습니다. 이 책이 행복한 대한민국을 만드는 데 도움이 되었으면 좋겠습니다.

아이들이 아빠를 찾기를 바라는 마음으로
2014년 한 초등학교 교실에서 이 서 윤

등장인물

홍대리 (홍기적)

일곱 살 아들과 세 살 딸을 둔 아빠. 금나라와 캠퍼스 커플로 오래 연애를 했다. 나라가 먼저 취직한 뒤 회사에서 한 미모 하는 나라에게 추파를 던지는 남자가 많음을 눈치 채고 나라와 헤어지게 될까 봐 취업하자마자 프러포즈를 하고 결혼을 했다. 남들보다 이른 결혼을 하여 서른다섯 살의 나이에 이미 두 아이의 아빠가 되어 있다. 신혼을 즐길 틈도 없이 아빠가 되어버린 홍대리는 바쁜 회사생활에 지쳐 있다. 맞벌이를 하면서 힘들어하는 아내 금나라와 끊임없이 갈등을 겪으며 고민에 빠진 초보 아빠이다.

금대리 (금나라)

서른네 살, 맞벌이 주부. 대학 시절 뛰어난 미모로 캠퍼스를 주름잡았으나 남자답고 성취욕 강한 홍기적에게 매력을 느껴 홍기적과 연인이 되었다. 7년의 연애 끝에 스물일곱 살 꽃다운 나이에 결혼하여 아줌마가 되고 세상의 보석 같은 민성이와 민지, 두 아이를 낳게 된다. 든든한 남편과 귀여운 아이들, 대기업에 다니면서 맞벌이를 하고 있어 주위에서는 일과 사랑을 모두 잡았다고 부러워하는 워킹맘. 하지만 회사일에 더 신경을 쓰고 약간은 가부장적인 면도 있는 홍기적 때문에 스트레스를 받고 서투른 엄마 노릇에 힘겨워하고 있다.

이진국

홍기적, 금나라와 대학 동창. 대학 때는 별 볼 일 없어 보이더니 결혼하고 얼굴이 폈다. 도대체 뭐가 그렇게 이진국을 '진국'으로 만들었는지 홍기적은 궁금하기만 하다.

왕부장 (왕일만)

회사일이면 목숨 걸고 한다는 왕부장. 왕부장의 밑에 들어가면 야근으로 집에 못 들어간다는 소문 때문에 다들 그가 있는 부서로 배치 받는 것을 피한다. 아이들이 어떻게 커갔는지도 모르게 중학생이 되어버렸다는 왕부장은 회식과 야근을 주도하느라 바쁘다.

유대리 (유강한)

홍대리와 대학 동창이며 서른다섯 노총각이 된 유강한. 홍기적이 결혼하고 힘들어하고 아이들 때문에 일찍 들어가는 것을 이해하지 못하며 못마땅해 한다. 그러다 어느새 정신을 차려 보니 자신도 결혼을 하고 애아빠까지 되어 있다. 아빠는 왜 이렇게 힘든가, 남편은 또 왜 이렇게 힘든가 생각하다가 홍기적이 '좋은 아빠 100일 프로젝트'를 하며 쓴 책을 우연히 읽고 홍대리의 독자가 된다.

홍민성 (7세, 남), 홍민지 (3세, 여)

홍기적과 금나라의 아들과 딸. 맞벌이를 하는 부모님과 많은 시간을 보내지 못하지만 그래도 기특하게 잘 크고 있다. 하지만 아직은 엄마와 아빠에게 어리광을 부리고 때로는 짜증도 내는 어린 아이들.

최진혁, 김은성, 박덕기

아빠 모임에서 만나게 된 좋은 아빠 선배들이자 홍기적의 아빠 친구들.

차례

|프롤로그| 좋은 아빠 100일의 기적, 당신이 주인공입니다 4
- 등장인물 10

Part 0
현직 교사가 본 교실 속 아빠와 아이의 심리학

01 대한민국 아이들에게는 엄마만 있고 아빠는 없다 18
02 아빠에 배고픈 아이들 VS 스스로 만족하는 아빠 21
   `Special Page` 아이들은 아빠와 무엇을 하고 싶을까? 23
03 그림으로 읽는 가족관계 시크릿 24
   `Special Page` 아빠 육아, 아빠만의 문제가 아니라 사회가 함께해야 한다 30

Part 1
불량 아빠 홍대리, 좋은 아빠 DNA를 발견하다

01 아빠, 회사에서 퇴근이 두렵다 36
02 맞벌이 부부의 비애 ; 육아에 서툰 아빠, 회사에서 치이는 엄마 40
03 아빠와 엄마의 전쟁이 시작되다 44

04 이대로 10년이 지나면 괜찮을까? 50

05 홍대리, 동창회에서 이진국을 만나다 54

06 아이의 병치레가 홍대리에게 준 마음의 변화 59

07 영화 한 편에서 발견한 아빠의 존재감 64

08 이진국의 표정이 행복해 보인 이유 68

09 불량 아빠들의 '좋은 아빠' 변신 스토리 77

10 홍대리, 멘토에게서 아빠의 의미를 깨닫다 84

Special Page 아빠에게 추천하는 영화 90

Part 2
홍대리의 〈행복한 아빠 100일 프로젝트〉

제1장 홍대리, 아빠 육아를 시작하다

01 아빠의 잠재력과 엄마의 잠재력은 같다 100

02 성공한 사람들의 아빠에게는 뭔가 비법이 있다 105

03 남자, 제2성장기를 통해 아빠가 되다 109

04 일과 가정에서 균형을 잡는 슈퍼 대디의 네 가지 비밀 112

05 아내와의 대화를 시작하는 마인드 리딩 117

06 행복한 부부의 두 가지 비결 ; 가사 분담과 시월드 122

제2장 좋은 아빠가 되는 25가지 미션

미션 01 좋은 아빠의 베이스캠프, 프레임을 세워라! 129

미션 02 '권위적인' 아빠에서 '권위 있는' 아빠로 탈바꿈하라! 133

> **Special Page** 효과적인 훈육 방법 138

미션 03 좋은 아빠 케이스 스토리 ; 행복한 남자가 행복한 가정을 만든다 141

미션 04 아들 사용 설명서 ; 아빠가 아들을 남자로 만든다 149

미션 05 딸 사용 설명서 ; 아빠는 딸의 첫 번째 남자다 153

미션 06 좋은 아빠 케이스 스토리 ; 아이가 태어나고 인생의 목표가 바뀌었어요 158

미션 07 아빠표 레시피를 공개합니다 164

> **Special Page** 아빠의 간단 요리 레시피 166

미션 08 좋은 아빠 케이스 스토리 ; 가족과 함께하는 주말 트레킹으로 만성피로 극복! 169

미션 09 아빠의 착한 약속 175

미션 10 좋은 아빠 케이스 스토리 ; 행복과 나눔을 아는 아이를 위한 3×3 육아 179

미션 11 하루 10분 대화, 아빠와 아이를 이어주다 183

미션 12 좋은 아빠 케이스 스토리 ; 아이가 세상에 나갈 준비를 시키다 187

미션 13 하루 10분 놀이, 아빠와 아이가 교감하다 193

미션 14 좋은 아빠 케이스 스토리 ; 육아 휴직하는 아빠 197

미션 15 새로운 도전은 아이를 춤추게 한다 202

미션 16 좋은 아빠 케이스 스토리 ; 일하는 목적을 잊지 않으면 우선순위를 알게 된다 206

미션 17 책벌레는 아빠가 만든다 210

미션 18 좋은 아빠 케이스 스토리 ; 가족과 함께하는 행복감으로 직장의 피로를 이기다 215

미션 19 진로 탐색, 아빠가 아이의 인생지도를 만들다 220

미션 20 좋은 아빠 케이스 스토리 ; 평범함 속에 비범함을 키워내는 인성교육 225

미션 21 아이가 손꼽아 기다리는 1:1 데이트 코스를 개발하라 228

미션 22 좋은 아빠 케이스 스토리 ; 좋은 아빠 길에 들어선 초보 아빠, 시작이 반이다 230

미션 23 가족 문화, 행복을 만드는 인생 파티 234

미션 24 좋은 아빠 케이스 스토리 ; 아빠는 아이의 든든한 지원군 237

미션 25 가족과 함께 떠나라! 자연 속 캠핑장으로! 241

26 〈행복한 아빠 100일 프로젝트 에필로그〉 아빠의 꿈, 아이에게 미래를 보여주다 244

27 〈좋은 아빠 미션, 그 후 이야기〉 홍대리의 좋은 아빠 프로젝트를 완수하다 248

> Special Page   **아빠가 들어가기 좋은 추천 카페** 251

|에필로그| '좋은' 아빠가 되는 것은 '행복한' 인생을 사는 것과 같다 252

• 150여 명의 아빠들에게 묻다! "좋은 아빠란?" 255

Part 0

홍더리의 아빠 수업 콘서트

현직 교사가 본 교실 속 아빠와 아이의 심리학

대한민국 아이들에게는 엄마만 있고 아빠는 없다

아이들에게 아빠의 의미는 뭘까?
교실에서 만나는 아이들의 모습을 통해 알아볼 수 있을까?

"내일은 어버이날입니다. 우리는 매일 부모님께 감사하는 마음을 가져야 하지만 평소에는 잊고 지냅니다. 그래서 부모님께 짜증을 내고 부모님 말씀도 안 듣기 일쑤예요. 여러분을 낳아주시고 훌륭하게 길러내기 위해 매일매일 노력하시는 부모님께 감사드리는 편지를 써보도록 해요. 평소에 하지 못했던 말도 하고 표현하지 못했던 사랑도 표현하세요."

매년 맞는 어버이날이 되면 교실에서는 '부모님께 편지 쓰기'를 한다. 일상에 치여 살다 보면 잊어버리고 평소에는 표현하기에 민망한 마음도 '기념일'이라는 명분이 생기면 표현할 수 있다. 그렇기에 일상과 다른 날들이 필요한 게 아닐까 생각이 든다.

아이들은 올망졸망 편지지에 편지를 쓰기 시작한다. 매년 하는 행사라 어느 정도 익숙해졌겠지 싶기도 하지만 아이들은 매년 새로워하는 것 같다. 아이들이 써놓은 편지를 읽다 보면 대부분 '사랑하는 부모님께'라고 시작한 후 '낳아주시고 길러주셔서 감사합니다.'라는 문구를 빼놓지 않고 쓴다. 하지만 그러고 나면 무슨 말을 써야 할지 몰라 종종 연필이 멈춰 있는 모습을 보게 된다. 그럴 때 나는 "여러분, 부모님께 감사한 점을 생각하며 구체적으로 어떤 점이 감사한지 써보세요. 잘못한 점은 반성도 하고 앞으로 어떤 아들딸이 될지 다짐도 해보세요."라고 말해주며 어버이날 편지 쓰기의 기술을 살짝 귀띔해준다. 그러면 아이들은 다시 열심히 연필을 들어 편지를 쓴다.

"엄마, 저를 위해 옷을 빨아주시고 먹을 것을 해주셔서 감사합니다. 제가 아플 때 옆에 있어주셔서 감사합니다. 이번에 제가 좋아하는 레고를 사주셔서 감사합니다. 엄마, 제가 커서 효도할게요."

아이들은 편지를 써서 내게 가져온다.
"선생님, 편지 다 썼어요."
그런데 어째 이상하다. 분명 부모님께 쓰는 편지인데 제목만 '부모님께'이고 그 뒤로는 내용도 호칭도 다 엄마에 관한 내용뿐이다.
"너는 왜 '부모님께'라고 써놓고 내용은 엄마께 드리는 말씀뿐이니? 아빠한테는 따로 쓰려고?"
"네? 부모님께 같이 쓴 건데요?"
"그런데 아빠한테 드리는 말은 없네?"

"야."

 이런 식이다. 아이에게 부모님은 아빠와 엄마가 아니라 실제로는 엄마 뿐인 경우가 많다. 부모지만 부모로 인정받고 있지 못하는 아빠, 슬프다.

02
아빠에 배고픈 아이들 VS 스스로 만족하는 아빠

"저는 아빠가 저한테 무관심한 게 고민이에요. 아빠는 주말에 잠만 자요."

나는 아이들의 고민 이야기를 듣는 것을 좋아한다. 요즘에는 '아빠 육아' 열풍이 불어 열성적인 아빠들이 많아졌지만, 교실에서 아이들과 이야기하고 일기를 읽다 보면, 아직도 대부분의 '보통' 아빠들은 아이들과 함께하기엔 '너무도 먼 당신'이다. 아빠들은 아이가 잘 먹고 잘 자라도록 지원해주고, 원하는 교육을 받을 수 있도록 여건을 만들어주면 아빠로서 충분한 역할을 한다고 생각하는 경우가 많다. 그래서인지 부모가 둘 다 일하더라도 엄마는 6시나 7시에는 들어오지만 아빠는 항상 10시~12시가 넘어서 들어오신단다. 평일에는 일 때문에 바빠서 늦게 들어오고 주말에는 잠 자고 TV 보느라 바쁜 아빠.

하지만 대부분의 아빠는 '나는 아이들이랑 친하다'고 생각한다. 힘들게 일해서 아이들이 자랄 수 있게 해주는 것으로, 그리고 가끔 황금 같은 주말을 반납하여 가족여행 한 번 가주는 것으로 이 정도면 되지 않았나 만족한다. 하지만 아이들은 다르다.

"아빠와 같이 놀고 싶어요."

"아빠랑 둘이만 같이 슈퍼에 갔는데 많이 어색했어요. 그래도 엄청 좋았어요!"

"아빠는 항상 밤늦게 들어오시고, 일하느라 바쁘세요. 일찍 들어오셨으면 좋겠어요."

"주말에 아빠가 자는 모습을 보면 꼭 시체 같아요."

"엄마가 아빠한테 잠만 자고 가는 하숙생이래요. 아빠가 들어오시는지 마는지 신경도 안 쓰세요."

이렇게 아빠는 언제나 바쁘고, 아이들은 항상 아빠에 목말라 있다.

'세상에서 가장 행복한 사람은?'이라는 주제로 아이들에게 글을 쓰게 한 적이 있었다. 대부분의 아이들이 쓴 행복한 아이의 조건은 '부모님과 함께 시간을 많이 보내는 아이', '부모님의 사랑을 많이 받는 아이'였다. 그렇다면 과연 내 아이는 지금 행복할까?

아이들은 아빠와 무엇을 하고 싶을까?

물론 아이들은 아빠와 함께라면 어떤 것을 해도 좋아한다. 하지만 잠시 교실 속 아이들의 목소리를 직접 들어보자.

> 5. 시간이 되고 기회가 된다면 아빠와 함께 하고 싶은 것은 뭔가요? (만약 다 할 수 있다면)
> ① TV보기 ② 축구나 야구와 같은 야외놀이 ③ 같이 숙제하거나 책 읽기 ④ 이야기하기
> ⑤ 기타: (놀이동산 가기)

> 5. 시간이 되고 기회가 된다면 아빠와 함께 하고 싶은 것은 뭔가요? (만약 다 할 수 있다면)
> ① TV보기 ② 축구나 야구와 같은 야외놀이 ③ 같이 숙제하거나 책 읽기 ④ 이야기하기
> ⑤ 기타: (놀이)
>
> 6. 고민이 생기면 어떻게 하는 편인가요?
> ① 부모님께 말한다. ② 친구한테 말한다. ③ 그냥 혼자 고민한다.

> 5. 시간이 되고 기회가 된다면 아빠와 함께 하고 싶은 것은 뭔가요? (만약 다 할 수 있다면) (5)
> ① TV보기 ② 축구나 야구와 같은 야외놀이 ③ 같이 숙제하거나 책 읽기 ④ 이야기하기
> ⑤ 기타: (운동과 술래잡기)

> 5. 시간이 되고 기회가 된다면 아빠와 함께 하고 싶은 것은 뭔가요? (만약 다 할 수 있다면)
> ① TV보기 ② 축구나 야구와 같은 야외놀이 ③ 같이 숙제하거나 책 읽기 ④ 이야기하기
> ⑤ 기타: (멀리 돌아가기)

> 5. 시간이 되고 기회가 된다면 아빠와 함께 하고 싶은 것은 뭔가요? (만약 다 할 수 있다면)
> ① TV보기 ② 축구나 야구와 같은 야외놀이 ③ 같이 숙제하거나 책 읽기 ④ 이야기하기
> ⑤ 기타: (여행가기)

그림으로 읽는 가족관계 시크릿

그렇다면 아빠와 교감이 되는 아이와 교감이 되지 않는 아이의 차이를 교실에서 관찰할 수 있을까? 아빠가 육아에 적극적이어야 한다고 말하면 아마 많은 사람들이 정말 '아빠 효과'가 나타나는지 궁금해할 것이다.

교실에서 아이들을 보면 부모가 건강한 양육을 하고 있는지 아닌지가 보인다. '아이를 보면 부모를 알 수 있다'고 하면 거만한 말로 들릴지도 모르겠다. 하지만 교사생활을 하다 보면 겉으로는 멀쩡해 보여도 마음에 상처가 있는 아이들은 그 상처가 생활과 행동에서 드러난다는 것을 알 수 있다. 그리고 그 상처는 부모와의 관계에서 비롯된 것이 많다. 아이가 교실에서 보이는 문제는 누가 봐도 알 수 있는 경우도 있지만, 반면에 가정에서는 나타나지 않거나 오랫동안 자세히 관찰해야 알 수 있는 경우도 많다. 그렇다면 어떤 문제들이 나타나느냐고 물을 수 있겠다. 아이가 너무 공격적이라거나, 너무 소극적이면서 자신감이 없거나, 다른 사람들의 눈치를 보거나, 무기력하거나, 피해의식이 심한 것과 같은 문제들이다.

만약 엄마나 아빠, 둘 중 한쪽이라도 아이와 잘 교감하고 있다면 나머지 한쪽의 부모와는 소통이 잘 되지 않더라도 문제가 은근슬쩍 가려진다. 또한 학년이 점점 올라갈수록 아이들은 남에게 자신의 진짜 모습은 노출시키지 않고 자신에게 유리한 모습만 보여주려고 하기 때문에 문제들이 가려져, 없어지는 것처럼 보이기도 한다. 하지만 그러한 문제들은 잠시 숨어 있을 뿐, 잠재되어 있다가 사춘기가 되어서 나타나거나 성인이 되어서도 끊임없이 아이의 삶에 영향을 미친다.

숨겨진 아이들의 가족관계, 특히 아빠와 아이의 정서적 안정감의 관계를 알아보기 위해 교실에서 가족관계 심리검사를 했다. 학생들에게는 특별한 지시사항을 주지 않고 자기 가족의 보편적인 모습을 그리라고 말했다. 책상을 떨어뜨려 각자 혼자서 그림을 그릴 수 있는 시험 대형으로 앉게 하고 검사를 실시했다. 다음 그림들의 공통점을 생각해보자.

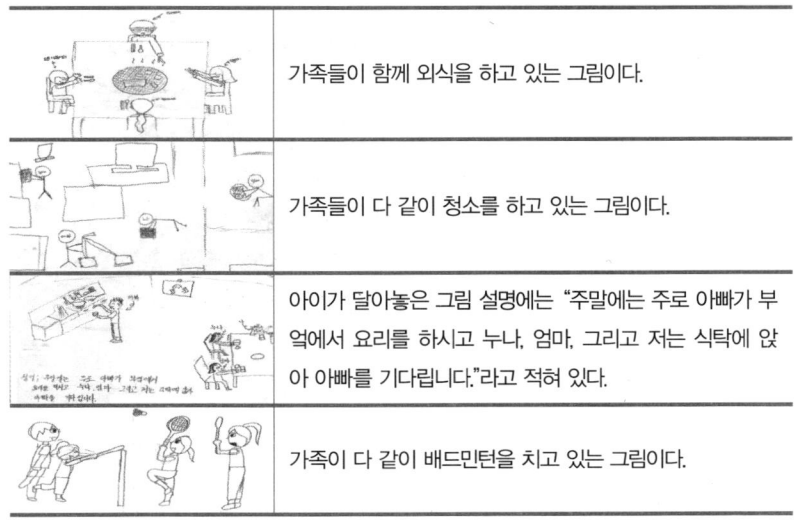

	가족들이 함께 외식을 하고 있는 그림이다.
	가족들이 다 같이 청소를 하고 있는 그림이다.
	아이가 달아놓은 그림 설명에는 "주말에는 주로 아빠가 부엌에서 요리를 하시고 누나, 엄마, 그리고 저는 식탁에 앉아 아빠를 기다립니다."라고 적혀 있다.
	가족이 다 같이 배드민턴을 치고 있는 그림이다.

위 네 그림은 모두 가족들이 함께 무언가를 하고 있다.
그럼 이번에는 다음 그림들을 살펴보자.

	엄마는 방에서 자고 있고 나는 형과 텔레비전을 보고 있다. 아빠는 일요일에 거의 집에 안 계시기 때문에 안 그렸다고 한다. 이 그림은 연필 선이 약하고 특히 '나'를 분명한 선으로 그리지 못하고 있다. 이는 자존감이 약하다는 것을 의미한다.
	아빠는 텔레비전을 보고 엄마는 집안일을 하고 있다. '나'는 부모님과 동떨어져 있고 그 옆에는 '찍찍'거리고 있는 햄스터가 있다. 아빠의 모습은 까맣게 칠해져 있고 특히나 뒷모습이다. 부모님과 '나'의 거리는 떨어져 있고 특히 '나'를 네모칸 안에 그려놓았다. 부모와의 정서적 거리가 가까운 편이 아니고 자기 세계가 뚜렷한 아이라는 것을 알 수 있다.
	온 가족이 TV를 보고 있다. 하지만 가족들의 얼굴은 그리지 않고 까만 뒷모습만 표현했다. 이 아이는 자신 가족에 대한 말을 하고 싶지 않은 것이다. 실제로 가족들이 함께 살고 있지 않은 아이다.
	이 아이는 선으로 나누어 가족원들을 그렸다. 가족들은 각자의 할 일을 하고 있다. 아빠는 줄자 등을 정리하며 일을 하고 있다고 하고, 엄마는 설거지를 하고 있다고 한다. 언니와 나는 방에서 각자 침대에 누워 있다.

보통 가족을 그리라고 하면 가족들이 함께 손을 잡고 있거나 모여서 식사를 하거나 텔레비전을 보는 그림을 그릴 것이라고 예상한다. 하지만

가족 구성원이 모두 그려진 그림, 한자리에 있는 그림은 생각보다 많지 않았다. 단지 가족의 모습을 그리라고 했을 뿐인데 가족 구성원이 다 그려져 있지 않거나 '나'의 모습만 빼고 그렸다거나, 사람이 아닌 거실에 있는 물건만 그려놓는다거나 정확하게 선으로 분리해서 가족을 그려놓은 아이 등, 다양한 그림이 그려져 있었다. 그런데 놀랍게도 가족 구성원이 함께 무언가 하는 그림을 그린 아이들은 모두가 교실에서 안정된 모습을 보이는 아이들이었다. 그렇지 않은 아이들은 사소하게라도 문제가 있거나 불안정한 모습을 보이는 경우가 대부분이었다. 그림과 아이들의 평소 모습과의 관계를 통해 숨어 있는 가족관계를 더욱 분명히 알 수 있었다.

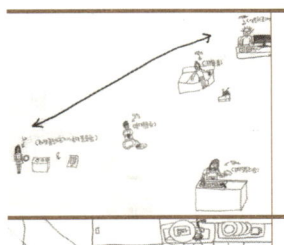
첫 번째 그림을 보면 나는 화장품을 바르거나 휴대폰을 하고 있고 동생은 휴대폰을 하고 있다고 적혀 있다. 언니는 TV를 보고 엄마는 집안일을 하신다. 아빠는 일을 하고 계신다. 나와 아빠의 거리를 보면 굉장히 멀리 떨어져 있다.

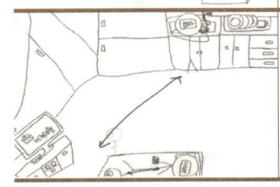
엄마는 집안일을 하고 있고 나와 아빠는 함께 누워서 TV를 보고 있다. 실제로 이 아이는 아빠와 사이가 좋고, 엄마는 아이의 아빠가 어찌나 딸바보인지 모른다고 말했다.

그림에서 아빠와 나의 거리를 통해 드러난 아빠와 마음의 거리

가족의 모습을 그리라고 했을 때 바로 나오는 그림에서 평소 아이가 가족에 대해 느끼는 감정이 드러날 수밖에 없다. 두 그림을 통해 바로 아빠와의 거리감이 비교된다.

수많은 그림 결과 중 일부를 발췌해서 실었지만 그림을 통해 그동안 왜 이 아이들이 사랑스러웠는가를 알 수 있었다.

많은 교사들이 공통적으로 말하는 게 있다. 아빠와 교감이 되는 아이는 자신감이 있고 적극적이라는 것이다. 또한 아빠와 관계가 좋은 아이들은 사춘기를 잘 보낸다. 든든한 울타리가 있기에 사춘기의 반항심이 있어도 어느 정도 이상으로는 벗어나지 않는다.

마음이 건강하고 예뻐 정말 내 아이로 삼고 싶다고 여겨지는 학생들을 관찰하면 공통점이 있다. 바로 훌륭한 부모님을 두었다는 것이다. 정서적으로 안정된 아이는 누가 봐도 사랑스럽다. 공부도 상위권에 속하고 친구 관계도 좋다. 이런 아이는 꼭 필요한 엄마의 사랑과 아빠의 사랑을 고루 받고 있다.

『유태인의 자녀교육법』이라는 책을 보면 유태인은 전 세계 인구의 0.2%에 지나지 않지만 이 소수에 불과한 유태인이 길러낸 수많은 인재들은 인류 역사의 발전에 지대한 영향을 끼쳤다고 말한다. 창조적인 삶을 살았던 유태인 인재들을 살펴보면 아인슈타인, 마르크스, 프로이트, 애덤 스미스, 뉴턴, 토마스 만, 카프카, 촘스키, 스피노자, 쇼팽, 멘델스존, 샤갈, 모딜리아니, 스티븐 스필버그, 찰리 채플린, 레닌, 퓰리처, 록펠러, 조지 소로스, 헨리 키신저 등 쟁쟁한 사람들의 이름만 열거해도 한도 끝도 없다.

유태인의 인재를 길러내는 힘은 아빠의 자녀교육에서 나온다고 해도 과언이 아니다. 모차르트, 피카소, 존 스튜어트 밀, 케인즈, 괴테, 셰익스피어, 파인만 같은 천재의 성공 뒤에는 아빠의 헌신적인 노력이 있었다. 이 아버지들은 듬직하게 뒤를 받쳐주고 후원하는 것에 그치지 않고, 자녀가 어릴 때부터 계획적이고 열성적으로 지도했다.

유태인들은 아이가 초등학교를 졸업하는 무렵까지 가정을 가장 중요한 교육기관으로 생각한다. 유태인은 일주일에 하루를 가장 신성한 날, 즉 안식일로 삼아 지키는데, 안식일에는 아이가 일주일간 학교에서 무엇을 배웠고 얼마나 소화했는지 아빠가 직접 테스트한다. 그리고 제대로 이해하지 못한 부분이 있으면 친절히 가르쳐준다. 물론 아빠의 교육은 학교 공부에 그치지 않고, 아이 주변에서 일어나는 여러 가지 문제에 대해서도 인생의 선배로서 아낌없는 충고를 해준다.

아빠가 아이에게 정서적으로 관심을 가지고 아이와 애착을 형성하며 아이의 필요를 채워주는 것은 아이의 인지적 발달, 사회적 유능감과도 상관이 있다. 아빠가 아이의 학교생활에 관심을 가지는 것은 아이의 학업 성취도 향상과 즐거운 학교생활과 상관이 있다. 청소년기에 아빠와의 애착이 강하고 밀접할수록 자녀는 교육, 행동, 정서적 측면에서 보다 바람직한 결과를 보인다.

폴 아마토는 연구팀과 함께 미국 전역에서 표집한 471명의 성인을 대상으로 인터뷰를 실시했다. 그리고 부모와의 관계를 심리적 친밀감과 연락 빈도로 조사한 결과, 자존감 항목에서는 함께 시간을 보냈던 엄마의 영향이 컸다. 하지만 전반적인 행복감과 삶의 만족도에서는 아빠와의 친밀감이 엄마와의 친밀감보다 더 큰 영향을 끼쳤다. 교감하는 아빠를 둔 아이와 교감하지 않는 아빠를 둔 아이의 인생은 어릴 때부터 다르다.

Special Page

아빠 육아, 아빠만의 문제가 아니라 사회가 함께해야 한다

육아를 위해 직장에서 가정으로 돌아오는 슈퍼맨 아빠들이 크게 늘어나고 있다. 고용노동부에 따르면 2014년 10월 기준으로 아빠 육아 휴직자는 2,798명으로 이미 지난해(2293명) 수준보다 505명(22%)이나 많았다. 또 전체 육아 휴직자(6만4646명)의 4.3%가 아빠 육아 휴직자로, 지난해(3.3%)보다 1% 포인트 높아졌다. 서울 지역의 경우 2014년 10월 기준 육아휴직 사용자 수는 남성 육아 휴직자가 811명으로 지난해 같은 기간보다 무려 53.3%(529명) 증가했다. 또한 아버지들의 양육을 지원하기 위해 전국의 육아 종합지원센터에서는 아버지를 대상으로 하는 교육, 워크숍과 더불어 아버지와 아이가 함께하는 형태의 강좌, 놀이, 체험 프로그램을 다양하게 제공하고 있다.

    정부를 비롯한 많은 사람들이 아빠가 육아에 참여하는 것을 맞벌이의 증가, 출산율 저하의 해결법으로 생각하기 시작했다. 정부는 육아 휴직 급여 제도, 육아기 근로시간 단축 급여 상향 등의 제도를 만들며 나서서 아빠 육아를 권하고 있다. 그래서 요즘에는 자의에 의해서든 타의에 의해서든 예전에 비해 육아에 적극적인 아빠가 많아졌다.

그러한 분위기에 따라 아빠들은 요새 남자들이 너무 힘들어졌다며 한숨을 쉬기도 한다. 사회가 다 같이 힘을 합해 육아를 권하고는 있지만 여전히 힘든 게 한두 가지가 아니기 때문이다. 아빠가 휴가를 써서 급식 도우미나 녹색 어머니회에 나가면 "저 집 남편은 집에서 노나?", "남자가 오죽 능력이 없으면" 하는 눈으로 쳐다본다. 아이를 데리고 놀이터에 나가면 아내와 헤어졌거나 사별했을 것이라고 생각한다. 직장에서도 마찬가지다. 육아 휴직 제도가 있지만 실제로 쓸 수 있는 간 큰 아빠가 얼마나 있으랴. 아이가 아파서, 학부모 상담 때문에, 공개수업 때문에 조퇴라도 하려고 하면 정말 눈치가 보인다. 집안일 때문에 회식에 빠지기라도 하면 혹시 그 자리에서 어떤 이야기가 오갔을지 불안하기만 하다.

맞벌이 부모는 아이가 태어나자마자 조부모의 손에 맡긴다. 그리고 아이는 초등학교에 입학할 때쯤에야 부모님의 품 안으로 다시 돌아온다. 아이 한 명 키우기도 벅차기에 외동딸, 외동아들이 많다. 부모들은 아이가 집에 혼자 있으면 시간을 헛되이 보낼까 봐 학원에서 학원으로 뺑뺑이 돌리기에 바쁘다. 그래야 안심이 되는 것이다. 부모가 둘 다 회식이라도 있는 날이면 아이는 집에서 컵라면이나 끓여 먹기 일쑤다. 인스턴트 식품을 많이 먹다 보니 아토피에 시달리는 아이들도 많아진다.

이런 아이들은 어릴 때 부모님과 함께한 시간이 별로 없기에 부모와의 애착이 별로 크지 않다. 그렇기 때문에 부모는 아이를 이해하기 힘들고, 아이가 말을 듣지 않는다고 걱정만 한다. 아이 얼굴을 볼 시간은 얼마 안 되고 아이에 대해 모르니 결국 나중에는 체벌을 하게 되고, 그래야 아이가 말을 듣는다고 말한다. 결국 아이는 부모 앞에서만 말을 듣는 척하게 된다. 아이의 문제는 하나도 해결되지 않은 채 부모 앞에서 위기를 모면하려고만 한다. 아이는 말한다. "엄마가 저한테 사랑한다고 하면 다 가식 같아요." 부모는 모두가 너희들을 위한 일이었다고 말하지만, 과연 아이들도 그렇게 생각할까? 그리고 정말 그 모든 것이 자녀를 위한 일이었을까?

아빠가 육아에 적극적으로 참여해야 한다고 다들 이야기하지만 아직도 사회의식은 그만큼 성장하지 않았다. 사회는 아빠가 더 부지런해져야 하고 바뀌어야 한다며 개인에게만 책임을 전가하지 않아야 한다. 기업들도 적극 나서서 아빠가 육아 휴직을 쉽게 사용할 수 있는 분위기를 조성해야 한다. 사회 전체가 게을러질 필요가 있다. 정시 퇴근을 권장하고, 야근 횟수로 승진 점수를 매기는 것과 같은 관행을 지양하여 부모가 빨리 집으로 갈 수 있는 분위기를 만들어줘야 한다. 육아를 권하는 형식적인 제도가 아니라 사회적으로 건강한 육아를 진정으로 권하는 공동체적 노력을 함께 해나가야겠다.

지금, '아빠 수업'이 '아이의 미래'를 바꾼다!!

Part 1

홍대리의 아빠 수업 콘서트

불량 아빠 홍대리, 좋은 아빠 DNA를 발견하다

아빠, 회사에서 퇴근이 두렵다

평범한 보통 아빠 홍대리의 이야기가 시작됩니다.

한여름의 요란한 더위가 소리 없이 물러가고 있었다. 아침에 회의했던 내용을 정리하는데 창문 너머로 보이는 파란 하늘이 흔들리고 있었다. 가끔씩 찾아오는 두통이었다. 홍대리는 깨질 듯한 머리에 카페인이라도 부어주면 나을까 싶어 커피를 한 잔 마셔야겠다고 마음먹은 참이었다. 누구 하나 정적을 깨지 않는 사무실에서 익숙한 벨소리가 들렸다.

'아차. 진동으로 해놓지 않았구나.'

홍대리의 아내 금나라였다.

'이 시간에 무슨 일이지?'

회사에 있을 때는 서로가 정신이 없어 문자 한 통 제대로 주고받지 못한다. 연락을 하는 경우는 뭔가 일이 생겼다는 신호다. 핸드폰 화면을 손으로 슬쩍 밀자 전화기 너머로 금나라의 목소리가 들려왔다.

"여보, 오늘 내가 야근을 해야 하는데…… 어머니도 오늘 몸이 안 좋으셔서 병원 다녀오셨대. 민성이랑 민지 어린이집에 자기가 데리러 가줘."

"나도 오늘 회식 있는데. 자기가 집에 가서 일 처리하면 안 돼?"

"그 회식 예정됐던 거 아니잖아? 자기 동료들끼리 술 마시는 자리 아냐? 나 오늘은 정말 야근 못 빼. 요즘 한참 제품 출시기간이라 바쁘단 말야."

"알았어."

맞벌이지만 주로 아내가 어린이집에 아이를 데리러 가고 아이 할 일을 챙기고 재우는 일을 하고 있다. 하지만 아내인 금나라가 정말 야근을 뺄 수 없을 때는 일찍 퇴근해야 한다. 홍대리는 옆자리에서 컴퓨터 화면을 뚫어져라 쳐다보고 있는 유강한에게 말했다.

"유대리, 오늘 집에 일찍 들어가봐야 할 것 같아."

"왜?"

"아내가 야근해야 해서 어린이집에 내가 애들을 데리러 가야 하는 상황이라."

"그래. 어쩔 수 없지."

어쩔 수 없다고 말하며 다시 컴퓨터를 향해 의자를 돌렸지만 유강한의 얼굴에는 '그래, 너는 집에 가서 애나 봐라'라는 식의 비아냥거림이 그대로 비쳐졌다. 유강한은 아직 결혼하지 않은 싱글남이다. 가장 부러운 놈이다.

왕일만 부장님에게도 말씀드려야 했다. 오늘 술자리는 왕일만 부장, 유강한과 함께 하기로 했던 자리였다. 왕일만 부장은 노력파이다. 정확한 일 처리에 하나의 보고서 작성을 위해 열 번은 퇴짜를 놓는다. 집에는 언제 들어가는지도 모를 정도다. 직원들과의 화합도 중시해서 일주일에 2~3일은 회식을 한다. 홍대리는 왕부장과 일을 하면서 몸은 고단했지만 지난 3년 동안 회사생활이란 이런 것이라는 것을 배웠던 시간이었다고 생각했다.

"부장님, 죄송한데 오늘 저녁에 어린이집에 아이들을 데리러 가야 해서 말입니다. 일찍 들어가봐야 될 것 같습니다."

"그래? 뭐 어쩌겠나. 알겠네."

회식은 소통과 단합의 기회이고 정보가 오가는 자리다. 곧 다가오는 승급을 생각하면 상사와 '의리'를 외치고 야근을 해야 안심이 된다. 퇴근이 오히려 두렵다. 회식이나 행사에 빠질 때마다 이러다가 직장에서 내 자리가 사라지지 않을까 싶어 두렵기만 하다.

착잡해진 홍대리는 다시 머리가 지끈거렸다. 아내에게 전화 오기 전 휴게실로 가서 커피 한 잔을 들이켜야겠다고 생각했던 것을 떠올리며 휴게실로 몸을 옮겼다.

"홍대리."

박추월 과장이었다. 새벽에 출근해서 밤 10시까지 일하고 주말에도 일하는 박과장은 상무님의 눈에 들어 이름처럼 다른 이들을 추월하며 탄탄대로를 달리고 있었다.

"네, 과장님."

"커피 마시러 왔나?"

"네."

박과장은 자판기에 동전을 몇 개 넣어주었다.

"정말 요즘 죽겠네. 작년만 해도 좀 나았는데 올해는 진짜 힘들어. 실적은 마음처럼 오르지 않고, 일은 해도 해도 밀리고, 퇴근은 맨날 밤 10시, 11시니. 애들 얼굴 본 지도 몇 달 된 것 같아. 정말 요즘 같으면 내가 왜 사는지 모르겠다니까."

박과장이 그렇게 말하다니 의외였다. 잘나가고 있는 박과장도 이런 생각을 하고 있다니.

"저도 머리가 아파서 잠시 공기 좀 쐬러 나왔어요. 회사에서는 다 같이 달려가고 있는데 제가 잠깐 멈춰서 물이라도 마시면 다들 달려나가버릴 것 같아요."

"그러게 말이네. 뭐 어쩌겠나. 요즘같이 어려운 때 직장에라도 붙어 있는 게 다행이라고 생각하며 일해야겠지."

박과장이 종이컵에 남은 커피를 입에 쓸어 담으며 사무실로 들어갔다.

'정말 어쩔 수 없는 것일까?'

맞벌이 부부의 비애 ;
육아에 서툰 아빠, 회사에서 치이는 엄마

홍대리는 민성이와 민지의 어린이집 앞에 차를 세웠다. 어린이집에는 부모가 아직 데리고 가지 못한 아이들이 남아 엄마 아빠를 기다리고 있었다.

"오늘은 민성이 아버님이 오셨네요."

"아, 네."

홍대리는 쑥스러워하며 민성이와 민지를 데리고 나왔다.

"왜 아빠가 왔어? 엄마는?"

민성이와 민지가 엄마를 찾았다. 자식이라면 엄마를 찾고 좋아하는 게 당연하겠지만 괜스레 서운한 마음이 드는 것도 사실이었다.

"엄마는 오늘 회사에서 늦게 끝난대."

배가 고프다고 징징대는 민성이와 벌써 잠이 오는지 눈을 비비는 민지를 차에 태우고 집으로 갔다. 냉장고에 있는 반찬을 꺼내고 대충 밥통에서 밥을 폈다. 일곱 살 민성이, 세 살 민지. 그래도 이 정도면 많이도 컸다. 밥을 안 먹겠다고 하는 민성이, 민지에게 한 소리를 했더니 민지가 울기 시작했다. 씻자고 했더니 싫다며 고집을 피우는 민성이와는 마치 씨름을 한판 한 것 같은 느낌이 들었다.

홍대리는 TV를 틀어놓고 소파에 누웠다. 민성이와 민지는 책과 장난감을 뒤적거리며 놀고 있었다. 엄마가 없이 아이들하고만 있는 건 홍대리도 애들도 서먹하다. '민성이와 민지가 제발 나를 건들지 않고 놀기를.' 하고 내심 생각하며 홍대리는 TV에 시선을 고정시켰다.

그때 민성이가 아빠에게 다가왔다.

"아빠, 놀아줘."

"뭐하고? 아빠 죽었다."

"아빠 안 죽었어."

홍대리는 몸을 움직이지 않았다.

"치."

민성이와 민지가 아빠 곁을 떠나 장난감 방으로 들어가자 다시 평화가 찾아왔다.

'이제 민성이 엄마가 올 때까지 조금만 버티자.'

* * *

"오늘까지는 마무리 짓자고. 신제품 출시기간을 맞춰야 하니."

금나라는 야근을 하면서도 마음이 불안했다. 그때 민지에게서 전화가 왔다.

"엄마, 언제 와?"

"엄마가 일 빨리 끝내고 갈게. 아빠랑 있어."

"엄마, 빨리 와."

민지의 목소리가 들려오자 금나라는 왠지 울컥했다. 엄마가 제 아이를 마음대로 볼 수 없는 현실이었다.

다섯 살 아이를 키우는 한 동료는 지난 달에 회사를 그만뒀다. 엄마 아빠가 바빠 주말에만 아이 얼굴을 보았는데, 아이가 부모와 눈을 잘 마주치지 못하는 증상을 보였다고 한다. 클리닉을 찾아 상담했더니 아이가 친구들보다 발달이 늦어 힘들다고 했다. 그래서 상사에게 퇴근시간에는 정시에 퇴근하고 집에 가서 일 처리를 하겠다고 했더니 "집에서 하는 일이 일인가?"라며 "하여간 이래서 여자들을 뽑으면 안 된다니까."라는 것이었다. 결국 그 동료는 어쩔 수 없이 일을 그만둬야 했다. 임신 전까지 밤낮을 가리지 않고 일하던 회사였는데 말이다.

금나라의 다른 한 친구는 정시 퇴근을 할 수가 없는 회사여서 결국 아이를 친정에 맡겨놓고 주말에만 보러 갔다. 주변에서는 독하다고들 했지만 어쩔 수 없었다. 그 친구는 아이가 점점 크면서 오히려 주말에도 엄마에게 잘 오지 않아 속상해했다.

그래도 금나라는 친구들보다는 나은 상황이었다. 하지만 퇴근할 때면 늘 눈치가 보이고, 아이가 아프면 병원 한 번 데려가기도 힘들었다. 옆에 앉은 과장님은 아이가 초등학생인데 매일 과자 먹으며 TV를 보면서 엄마 아빠만 눈 빠지게 기다리고 있는 아이를 생각하면 마음이 찢어진다고 했다.

"부장님, 오늘 제사라서요."

"부장님, 오늘 아이가 아파서요."

"부장님, 오늘 아이 공개수업이라……."
"부장님, 어머님이 병원에 입원해 계시는데 급히 가봐야 해서요."

여자들이 집에 가야 하는 이유가 어찌나 많은지, 누가 들어도 머리가 아파온다. 물론 맞벌이를 하면 남편 입장에서도 신경이 쓰이는 게 더 많은 것이 사실이다. 하지만 집에 일이 생기면 남편들은 자신이 먼저 달려가기보다는 일단 아내를 더 믿는 쪽이 대부분일 것이다. 오늘도 워킹맘 김연희 씨는 회의시간에 휴대폰이 울리자 조용히 나가서 전화를 받고 사색이 되어 들어왔다. 그리고 회의가 끝나자마자 울먹거리는 목소리로 부장님께 아이가 아파서 조퇴를 해야 할 것 같다는 말을 했다.

"돌봄센터만 확장하면 뭐해. 이렇게 야근 안 해도 살게 해야 하는 거 아냐?"

과장님의 말에 금나라는 고개를 끄덕였다. 오늘도 회사에는 죄책감으로 가슴을 치는 워킹맘들이 모여 가슴에 눈물 맺힌 야근을 하고 있었다.

03 아빠와 엄마의 전쟁이 시작되다

금나라는 힘겹게 야근을 마치고 집으로 돌아왔다.
"엄마!"
"당신 왔어?"
"응. 저녁은 먹었고?"
"응. 챙겨 먹었어."

거실 바닥에는 민성이와 민지의 옷이 나뒹굴고 있었고, 설거지통에는 저녁 먹은 그릇들이 쌓여 있었다. 홍기적은 소파에 누워 리모컨을 누르며 텔레비전에서 눈을 떼지 못하고 있었다. 민성이와 민지는 거실에서 장난감을 갖고 놀고 있었다.

"여보."
"왜."
"정말 너무한 거 아니야? 나 야근하고 오는 거 빤히 알면서."
"뭐가. 그래서 애들 어린이집에서 데리고 오고 저녁 먹였잖아. 애들 놔

두고 꼭 야근을 해야겠어?"

"나 혼자 애 키워? 당신 혼자 일해?"

피곤이라는 무거운 갑옷을 걸치고 있던 금나라는 폭발하고 말았다.

"나도 힘들어. 애들 데리고 오고 저녁 챙겨줬으니까 잠깐 누워서 쉬는 것도 안 되냐? 당신은 왜 항상 불만이 많고 짜증이야?"

"서로 일하고 힘든 건 마찬가지인데 청소기라도 밀어주면 어디가 덧나? 나도 피곤하고 힘들어. 조금 일찍 들어왔으면 애들하고도 좀 놀아주고 설거지도 좀 해놓고 청소라도 하면 안 돼? 조금씩만 나눠서 하자고. 그게 그렇게 힘들어?"

"알았어. 그만해."

"요즘 남편들은 다 가정적이야. 애들하고도 잘 놀아주고, 아빠학교 가는 아빠들도 정말 많더라. 진주 남편은 좋은 아빠 강연도 듣고 육아 책도 그렇게 많이 읽는대."

"시간이 많나 보지. 능력이 없어서 일이 없거나."

"진주 남편 얼마나 잘나가는데. 고속 승진해서 지금 과장이잖아. 진국 선배는 어떻고. 회계사라 바쁜데도 집안일을 그렇게 많이 한다더라."

"그래서 어떻다는 건데?"

"뭐 느끼는 거 없어? 당신은 회사일 바쁘다는 핑계로 애들이랑 잠깐 놀아주는 거, 집안일 조금 해주는 거로 당신 할 일 다 했다고 생각하잖아."

"당신도 나 바쁜 거 알잖아."

"나라고 안 바빠? 둘 다 회사 다니는 거 똑같은데."

"남자와 여자는 다른 거야. 거기다가 나도 승진해야 할 거 아니야. 요즘 안 그래도 바쁜데 내조는 못해주고 잔소리하고 비교하는 거야?"

"당신은 항상 똑같아. 결혼생활 7년 내내 변한 게 하나도 없어. 애들이 얼마나 주말에 놀러 가고 싶어 하는지 알기나 해? 남자답고 일 열심히 한다고 좋아했더니, 이렇게 뒤통수를 칠 줄 누가 알았겠어?"

"그래서 나랑 결혼한 거 후회한다는 거야?"

"누가 후회한다고 했어?"

"지금 말하는 의미가 그렇잖아."

"당신도 충분히 노력하고 있다고만 하지 말고 정말 돌아보란 말이야. 내가 얼마나 힘든지 알기나 해?

"다른 여자들도 다 그래. 요즘 대부분 다 맞벌이하잖아. 그러면서 애들 키우고 집안일하고 그래. 그거 생각해서 회사에서도 남자들한테 더 막중한 일을 맡기고 그러는 거야."

"당신이 이렇게나 가부장적이고 보수적인 남자인 줄 몰랐어."

"난 당신이 이렇게 피곤하게 하고 비교하는 여자인 줄 몰랐어. 매번 같은 말 하는 거 지겹지도 않니?"

"항상 그렇잖아. 당신이 바뀌질 않잖아."

"됐다. 그만하자."

"항상 자기는 이런 식이야. 그만하자고 이야기를 끝내버리잖아."

"서로 화 나 있을 때는 건드리지 말자고."

"그리고 결국은 해결되지 않고 넘어가는 거지."

"우리 잘 살고 있잖아. 나도 애들한테 잘 하려고 노력하고 있고. 그런데 왜 별일 아닌 일로 싸워야 하는 거야?"

"자기도 힘들다는 거, 노력하고 있다는 거 알아. 물론 나도 노력하고 있고. 그런데 우리는 제대로 이야기를 하지 않잖아. 항상 머리 아프다고 넘어가고. 대화가 부족하다는 말을 하고 있는 거야."

"여보, 우리 이야기 많이 하잖아. 다른 부부들보다 서로 훨씬 대화도 많이 하는데 당신은 왜 부족한 게 그렇게 많아?"

금나라와 홍기적은 싸웠다. 결혼 후 아이를 키우면서부터는 언제 그렇게 달콤한 연애를 했나 싶을 정도로 이렇게 싸우는 일이 흔해졌다. 그러다 싸우고 있는 엄마 아빠의 눈치를 보는 아이들의 눈빛을 느끼자 대충 얼버무리며 다툼을 끝냈다.

아침이 되자 홍기적과 금나라는 서로 말 한마디 하지 않고 각자의 직장으로 향했다.

"홍대리."

"네, 부장님."

"이번 프로젝트에 대해 어떻게 생각하느냐고 물었네."

"아, 네, 저는 좋은 것 같습니다."

"뭐가?"

"저, 저기……."

"지금 무슨 생각을 하나? 이번 신메뉴 개발이 얼마나 중요한지 홍대리도 알지 않는가? 그런데 회의하면서 그렇게 멍때리고 있는 모습을 보이나?"

"죄송합니다."

"죄송하면 열심히 하라고."

"네."

회의가 끝나고 회의실을 빠져나오며 유강한은 홍대리에게 달려갔다.

"홍기적, 커피 한 잔 할까?"

홍기적과 유강한은 회사 복도 자판기로 가 커피 한 잔씩을 뽑았다.

"기적아, 무슨 일이야? 얼굴 표정이 좋지 않은데? 우린 15년지기 친구 아니냐. 이 유강한이 무슨 말을 못 들어주겠어. 말해봐."

"아니, 어제 나라랑 싸웠어."

"왜. 이 노총각 앞에 두고 아직도 사랑싸움 하는 거야? 결혼 7년차 부부면 이제 적응기간 끝난 거 아니냐?"

"끝나기는. 애들 때문에 죽겠다야."

"민성이랑 민지? 왜? 잘 크고 있는 거 아니야?"

"맞벌이하면서 애 둘 키우려니까 둘 다 죽어나는 거지. 마누라는 마누라대로 불만이 한가득이고 나는 나대로 회사일도 바쁜데 불만 많은 마누라 때문에 스트레스 받는 거고."

"그래. 힘들긴 힘들겠다."

"힘들긴 하겠다가 아니라 진짜 힘들어. 너는 절대 장가가지 말고 혼자 살아. 장가가면 얼마나 피곤한 게 많은 줄 알아? 애들 어린이집으로 데리러 다니는 거 하며, 애들하고 놀아주느라 주말에도 마음 편히 한 번을 못 쉰다. 또 와이프는 와이프대로 힘들어하고 그거 옆에서 보는 나는 미안하면서도 나대로 힘들고 지치니까 자꾸 싸우게 되네. 싸우고 나면 얼마나 힘든지 기진맥진해. 그리고 며칠은 말도 안 하고 애들은 또 엄마 아빠 눈치보고 있고……."

"천하의 금나라를 데려간 홍기적이 그렇게 말하면 안 되지. 너, 나라가 얼마나 인기가 많았는지 알지 않냐. 다른 남자한테 뺏길까 봐 취업하기 무섭게 프러포즈해서 결혼한 녀석이 이제는 결혼하지 말라니, 말이 안 되잖아."

"그렇지. 나라는 천사였지. 내가 군대 가 있는 동안 내내 기다려주고, 그렇게 남자들이 작업을 걸어도 넘어가지 않았지. 홍기적한테 정말 기적 같은 여자였다."

"였다? 왜 과거형이야?"

"지금은 악마야 악마. 아줌마 다 됐어. 지독한 아줌마. 요즘 아빠 육아니 좋은 아빠니 난리들이 아니라서, 아빠들만 죽어난다. 얼마나 비교 당하는지."

"애 키우고 회사 다니고 집안일까지 하려면 아무래도 힘들지. 아이고, 어디 무서워서 장가가겠냐."

"유강한, 그런 의미에서 오늘 술 한 잔 어때?"

"미안하다. 나 약속 있어. 기적아. 가서 나라랑 화해하고 애들이랑 놀아주고 그래."

"누구랑 약속했는데?"

"친구."

"친구 누구? 네 친구가 내 친구고 내 친구가 네 친구잖아. 나도 같이 가."

"너 모르는 친구."

"오, 여자 친구냐?"

"나중에 말할게. 나는 간다."

'좋을 때다. 나도 나라랑 연애할 땐 진짜 좋았지.'

이대로 10년이 지나면 괜찮을까?

금나라는 몸져눕고 말았다. 며칠 전 김치를 담근다고 시댁에 가서 일을 하고 온 데다가 요즘 회사가 바빠 이리 뛰고 저리 뛰어다닌 탓이다.

"여보, 나 어머니한테 서운해. 뻔히 나 힘든 거 알면서 새벽부터 김치 담가야 한다고 불러서 부려먹으셔야겠어? 민성이, 민지한테 계속 과자 사 먹이시는 것도 안 사주셨으면 좋겠는데 말씀도 못 드리겠어. 민성이랑 민지 봐주셔서 감사하기는 한데, 그것 때문에 우리 집에 오실 때 나한테 말 한 마디 안 하시고 오시는 것도 난 불편해."

"당신도 알다시피 어머니가 애들 봐주느라 고생 많이 하시잖아. 김치 담그는 거 하루 정도 도와드릴 수도 있지. 어차피 우리가 가져다가 먹는 거 잖아."

"당신 엄마라고 엄마 편드는 거지? 남편이 남의 편이라더니, 맞지? 그럼 당신이 우리 친정집에 가서 한번 도와드려봐. 전화도 드리고, 언제 김장 하시는지 한번 물어봐."

홍대리는 뜨끔했다. 처갓집에서 김장 담그는 날이 언제인지는 당연히 신경도 쓰지 않았기 때문이다.

"아니, 편드는 게 아니라, 당신 힘드니까 위로해주려고 한 말이지."

"그게 위로냐? 당신 이름이 홍기적인건 이기적이어서 그런 거야. 안 그래?"

"무슨 말을 그렇게 해. 시댁 일, 그거 하나 못 도와드리는 게 더 이기적인 거 아냐?"

"당신 저번 주도 산악자전거 타러 갔잖아. 당신은 결혼하고도 취미생활까지 하면서 누릴 것 다 누리고 살잖아."

홍대리의 취미는 산악자전거 타기. 산을 오르며 느끼는 짜릿함과 아름다운 경치는 도저히 포기할 수 없는 취미생활이다.

'평일 내내 직장일 하며 집안일 신경 쓰다가 하루쯤 취미생활을 하는 게 뭐가 그렇게 사치스러운 일이라고.'

"자기만 취미 있는 줄 알아? 나도 하고 싶은 거 많다고. 이럴 거면 우리 이혼해!"

"이혼? 그렇게 쉽게 할 수 있는 말이야?"

"내가 아무리 말해도 자기 귀에는 안 들리잖아. 자기 생활밖에 없잖아."

"내가 뭐가 그렇게 모자라는데 그러냐고!"

홍대리도 아내와 싸우는 데 지쳤다. 회사일 때문에, 아이 때문에, 시댁 때문에, 돈 때문에. 싸우는 게 일상이 된 결혼이 너무 힘들었다. 금나라는 결혼하고 처음으로 이혼하자는 말을 꺼냈다. 홍대리는 금나라와 어제 싸웠던 일을 생각하며 오늘만큼은 집에 일찍 들어가고 싶지 않았다. 그때 왕부장이 홍대리에게 다가왔다.

"홍대리, 오늘 소주 한 잔 어떤가?"

홍대리와 왕부장은 곱창집으로 들어갔다. 회사에서 가깝고 맛도 좋아 종종 가는 곳이다.

"홍대리, 회사, 집, 회사, 집. 참 인생이 힘드네."

"왕부장님, 오늘따라 더 힘들어 보이세요."

대기업의 부장으로 일하는 왕일만. 그는 항상 공사다망하다. 퇴근 후에는 이런저런 회식과 모임에 빠지지 않는다. 대학의 최고경영자 과정도 몇 개를 다녔고 각종 모임의 총무를 맡고 있다. 주말이면 직장 상사, 동창회, 향우회, 골프 모임에 참석한다. 지방대 출신이 여기까지 올 수 있었던 것은 밤낮과 주말을 가리지 않고 일하고 인맥 관리에 힘썼기 때문이라고 생각한다. 가족을 위해 희생하고 있으니 아내와 아이들도 이해해줄 것이라고 믿었다.

"난 정말 열심히, 후회 없이 살았거든. 그런데 나한테 돌아오는 것은 원망뿐이야. 요즘 애들이 사춘기인가 봐. 나한테 아빠가 자기들한테 해준 게 뭐가 있냐고 대드는데, 허망하더라. 아내도 내가 집에 조금만 일찍 가면 정말 무슨 일이냐는 식으로 쳐다봐."

"대한민국 남자들의 운명인가 봐요."

"회사에 그렇게 몸 바쳐 일해도 승진이나 구조조정이 코앞에 다가오면 무서워서 벌벌 떨어야 하고, 집에서는 나만 위해서 일한 것 같은 눈초리니 참."

술 마시는 내내 왕부장은 힘들어했다. 일도 열심히 하고 승승장구하고 있는 왕부장이 그렇게 말하니 홍대리는 무척 혼란스러웠다. 일만 열심히 하는 왕일만이 아니었던가.

홍대리에게 외롭고 힘들다고 말하고 있는 왕부장이 다시 보였다. 홍대리의 앞으로 10년 후 모습이었다.

홍대리, 동창회에서 이진국을 만나다

이번 싸움은 꽤나 오래 지속됐다. 서로 말을 하지 않는 냉전 기간이 끝날 기미를 보이지 않았다. 하지만 오래전부터 만나기로 한 대학 친구들과의 동창회 날이 왔다.

"오늘 동창회 갈 거야?"

금나라는 아무 대답도 하지 않았다.

'간다는 거야 만다는 거야?'

"오랜만에 다 같이 만나는 건데, 가야 하지 않겠어?"

"내가 가든 말든 상관없는 거 아냐? 알아서 해."

홍기적은 퇴근 후 동창회 장소로 향했다.

'아이를 맡기고 오든 어쩌든 알아서 하겠지.'

대답도 피하는 나라에게 굳이 더 물어볼 것도 없다고 생각했다. 식당에 들어서자 안쪽에서 친구들과 크게 웃으며 저녁을 먹고 있는 나라가 보였다. 오랜만에 보는 나라의 웃음이었다.

"홍기적! 여기야 여기! 네 마누라는 벌써 와 있다. 어서 와."

친구들은 속을 아는지 모르는지 손짓을 해댔고 홍기적은 머쓱하게 금나라의 옆에 가서 앉았다.

나라와 기적은 캠퍼스 커플이었다. 기적은 나라의 1년 선배였다. 서울의 한 대학교 경영학과에 들어간 홍기적은 대학만 들어가면 연애를 할 수 있다는 말이 순 엉터리라고 느끼며 새내기 시절을 보냈다. 친구들과 처음으로 대학생의 자유를 만끽하며 미팅도 하고 당구장도 다니고 술도 고주망태처럼 마셔봤다. 그렇게 1년이 갔고 어느덧 새로운 새내기를 맞는 헌내기가 된 것이다. 후배들을 맞는다는 설렘으로 남자 동기들은 어떤 여자 후배들이 들어올 것인지 궁금해하면서 예쁜 후배에게는 자기가 먼저 잘 해보겠다는 시시껄렁한 이야기를 해대며 대면식에 갔다. 새내기들의 자기소개가 이어졌고 그러다 터져나오는 남학생들의 환호성을 받으며 인사를 하는 한 여학생이 있었으니, 그 학생이 바로 현재 홍기적의 아내 금. 나. 라였다.

예쁜 분홍색 원피스를 입고 새내기답게 상큼한 웃음으로 인사하는 나라는 한눈에 봐도 미인이었다. 기적은 첫눈에 반한다는 게 이런 건가 싶었다. 하지만 홍기적과 친한 친구 이진국이 먼저 선수를 치며 말을 꺼냈다.

"야. 나 쟤랑 잘 해본다. 알았지?"

"나한테 허락받고 하냐? 알아서 해라."

기적은 무심한 듯 진국에게 그렇게 대답했지만 영 마음이 편치 않았다. 집에 와서도 내내 금나라에 대한 생각뿐이었으니까 말이다.

그렇게 몇 달이 지났고, 우연히 금나라와 같은 교양과목을 신청하게 되었지만 말을 걸기는 힘들었다. 학년이 달라 특별히 듣는 과목이 겹치지도 않았고, 과 행사 모임에서 우연히 마주칠 기회가 있어도 역시 기적은 나라에게 말을 거는 것이 쉽지 않았다. 소문에 의하면 금나라에게 이미 여러 남자 동기들이 수차례 고백을 했지만 매번 퇴짜만 맞았다고 했다. 그런 소문을 들으며 기적도 '역시 미인은 눈이 높은가 보다' 하고 마음속에서 나라를 지워가고 있었다.

그러던 어느 날 홍기적은 동아리방에서 기타를 튕기고 있었다. 그런데 우르르 들어오는 친구들 사이로 금나라가 금빛을 내며 들어오는 것이 아닌가. 그때 금나라에게서 보인 금빛이 보통 사람들이 말하는 후광이 아닌가 싶었다.

"연습하고 있었어? 이번에 우리 기타 공연 동아리 통기타에 새로 들어온 멤버이시다. 홍기적 너는 같은 경영학과라 알겠지? 금나라."

"어? 어. 반갑다, 나라야."

"네, 선배님. 반갑습니다. 기타 동아리에 계셨으면 진작 저한테 추천 좀 해주시지 그랬어요?"

"어어, 네가 기타에 관심이 있는 줄 몰랐지."

그렇게 홍기적과 금나라는 동아리 활동을 함께 하게 되었다. 동아리 활동이든 학과 공부든 모두 열심히 하는 홍기적의 모습에 나라는 점점 호감을 느꼈다. 하지만 기적은 나라에게 먼저 고백하지 않았고, 나라는 그런 홍기적을 보며 애가 탔다.

어느새 한 학기가 끝나가고 있었다. 학기마다 하는 통기타 공연이 끝난 날이었다. 축하의 의미로 뒤풀이를 하며 모두 술을 한 잔씩 했다. 홍기적은 약간 취기가 어려 홍조를 띤 금나라의 얼굴이 유독 예뻐 보였다. 그런데 술을 잘 못하는 나라는 술을 마셔서 힘든지 가방을 챙겨서 아무 말 없이

나가는 것이었다. 다들 시끌벅적해서 나라가 나가는 것을 아무도 알아차리지 못하는 듯했다. 홍기적은 바로 따라 나섰다.

"금나라. 어디 가?"

"집이요."

"새내기가 어디서 선배들도 집에 안 갔는데 혼자 집에 가는 거야?"

"선배는 그렇게밖에 말을 못해요?"

"뭐가?"

"제가 걱정되어서 따라 나왔다고 말하면 되잖아요. 선배, 나 좋아하죠?"

기적은 아무 말도 하지 않았다.

"진국 선배가 어제 저한테 고백했어요. 그런데 저는 기적 선배가 좋아요. 기적 선배가 저한테 마음이 없으면 저, 진국 선배랑 잘 해볼까 해요."

홍기적의 눈이 흔들렸다.

"선배는 자존심이 그렇게도 중요해요? 좋아하는 여자도 다른 사람한테 뺏길 거예요?"

달빛이 금나라의 얼굴에 흐르는 눈물을 비췄다.

"나라야, 미안. 먼저 말하게 해서 미안해. 나도 금나라 네가 미치도록 좋다."

지금 생각하면 민망하고 부끄러운 이야기지만 그렇게 해서 홍기적과 금나라는 연인이 되었다. 다들 홍기적이 금나라를 어떻게 잡았느냐고들 말했고 홍기적은 으쓱하기도 하면서 자존심이 상하기도 했다. 그 다음 해에 홍기적은 군대에 입대했다. 하지만 금나라는 2년을 한결같이 기다려주었다. 홍기적보다 먼저 졸업하고 대기업에 취직한 금나라는 홍기적이 졸업하고 취업할 때까지 역시 기다려주었다. 홍기적에게 나라는 희망이었고,

나라가 있었기에 열심히 공부하고 취업을 준비하면서 사람 구실을 할 수 있었던 것 같다. 그렇게 나라와 결혼한 기적이었다.

홍기적은 대학 친구들과 함께 있다 보니 마치 20대 초반으로 돌아간 것만 같았다. 연애시절을 떠올렸고 금나라에게 미안한 마음이 스멀스멀 기어 올라왔다. 집에서는 아줌마 같던 나라가 막상 차려입고 친구들과 웃고 있으니 젊은 시절 홍기적이 어쩔 줄 몰라 하던 그 여자 그대로였다.
"그건 그렇고. 너, 이진국! 얼굴 좋아졌다."
친구들이 진국에게 말했다. 홍기적도 진국을 보며 같은 생각을 하고 있었던 찰나였다. 이진국의 얼굴을 보면 '맑다'라는 말밖에 떠오르지 않았다. 밝았고 맑았다.
"회사일이 잘 풀리나 봐?"
"다 그렇지 뭐."
"마누라가 잘 해주냐?"
"마누라나 나나 서로 잘해줘야지."
대학 시절을 생각하면 이진국은 홍기적보다 훨씬 못했다. 키도 작았고 옷 입는 센스도 같이 다니기 창피할 정도였고 얼굴에는 걱정을 담고 다녔다. 졸업할 때까지 '모태 솔로'였던 '연애 못하는 놈'이 곧 이진국이었다. 그래서 금나라에게 고백한다고 했을 때도 긴장하지 않았던 것이 사실이었다. 그런데 이제는 정말 누가 봐도 행복해 보이고 좋아 보였다.
'뭐지, 이 자식.'

아이의 병치레가 홍대리에게 준 마음의 변화

홍대리는 왕부장과 술을 마셔도, 유대리와 노래방에 가서 고함을 질러대도, 산악자전거를 타고도 스트레스가 풀리지 않았다. 가끔씩 찾아오는 두통은 홍대리의 얼굴을 거칠하게 만들었다. 동창회에 다녀와서도 여전히 며칠째 금나라와는 말도 꺼내지 않고 있었다.

회사에 와서는 착잡하고 심란한 마음에 회의 때마다 딴생각을 하다가 핀잔을 듣기가 일쑤였다. 기획서도 통과되지 못하고 중요한 프로젝트에서 제 역할을 못해낸다고 후배들 앞에서도 한 소리를 들어야 했다. 직장에서도 집에서도 홍대리의 자리는 없었다.

한숨을 푹 쉬고 있는데 홍대리를 배신하지 않는 영원한 아군인 핸드폰이 울리기 시작했다.

'누구지?'

아내 금나라였다.

'웬일이지? 우리 지금 냉전 중 아닌가?' 홍대리는 씁쓸한 웃음을 지으며 전화를 받았다.

"여보. 큰일났어!"

"왜? 무슨 일이야?"

금나라의 목소리가 다급하게 들렸다. 며칠 전까지 온 힘을 다해 잔소리를 하던 금나라의 목소리가 아니었다.

"민성이가, 민성이가 응급실에 있대."

"어? 왜? 어떻게 된 거야?"

"모르겠어. 어떡해, 여보."

금나라의 울음소리가 들려왔다.

"병원에 얼른 가봐야지. 지금 어디야?"

"오늘 중요한 계약 건이 갑자기 생겼어. 어떡해……"

순간 기획서가 걱정되었지만 그게 우선이 아니었다.

"걱정 마. 일단 내가 먼저 갈게."

자책하는 마음과 민성이에 대한 걱정이 함께 흐르고 있는 나라의 울음소리가 전화기 너머로 들려왔다. 홍기적은 조심스럽게 왕부장에게 아이가 아파 조퇴해야겠다고 말하고 정신없이 세상병원 응급실로 갔다.

"민성아! 민성아!"

민성이는 응급실 침대에 누워서 링겔을 맞고 있었다. 홍기적의 마음은 찢어졌다.

"어떻게 된 건가요?"

민성이 옆에 서 있는 어린이집 선생님에게 물었다.

"모르겠어요. 갑자기 민성이가 머리도 아프고 배도 아프다고 했어요. 화장실도 가고 양호실에도 갔는데도 계속 아프다고 하더니 구토를 하고 앉아 있지도 못하고 울더라고요. 아침에 올 때 열이 있는 것 같더니 체온도 높아지고요. 의사 선생님께서도 아직 정확한 이유는 모르시겠다고 하세요."

"네. 감사합니다. 이제 제가 민성이 돌볼게요. 의사 선생님과 상담 후에 연락드리겠습니다."

"아이가 어린데 입술을 꼭 깨물고 잘 참네요." 간호사가 말했다.

민성이는 눈물을 주르륵 흘리면서 꾹 참고 있었다.

"민성아, 미안하다. 아빠가 미안해."

"괜찮아."

민성이는 엄마와 아빠가 어릴 때부터 떼어놓고 맞벌이를 해서인지 아픈 것도 어른스럽게 잘 참아내고, 당황한 아빠에게 괜찮다는 말까지 하고 있었다.

"민성아."

몇 시간 후 금나라가 울면서 응급실로 달려왔다.

"엄마!"

울음을 꾹 참고 있던 민성이가 엄마를 보자 울음을 터뜨렸다.

"선생님. 우리 민성이가 왜 이런 거죠?"

"검사를 몇 개 해봐야 할 것 같습니다."

민성이의 피 검사부터 먼저 했다. 염증 수치가 높게 나타났다고 했고 뇌수막염이 의심된다고 했다. 뇌수막염 검사를 하기 위해서는 척수액을 추출해야 한다고 했다. 민성이는 검사실로 들어갔고, 나라와 기적은 나란히 앉았다.

"나라야, 미안해."

"뭐가."

"지난주에."

"됐어. 지금 민성이가 저 상태인데 무슨 말을 하겠어."

갑자기 민성이의 찢어지는 듯한 울음소리가 들려왔다. 민성이가 우는 소리를 많이 들어봤지만 이런 울음소리는 처음이었다. 금나라는 계속해서 눈물을 흘렸다.

"우리 민성이 어떡해. 여보, 우리 민성이가 많이 아픈가 봐. 어떡해……."

홍기적은 금나라를 꼭 안아주었다.

"괜찮을 거야. 우리 민성이는 괜찮을 거야."

민성이가 검사를 마치고 나왔다. 환자복을 입고 있는 민성이를 보니 홍기적은 누군가 바늘로 끊임없이 심장을 찔러대고 있는 듯 마음이 아팠다. 금나라도 아마 비슷한 감정을 느끼고 있을 것이다.

검사는 끝났지만 바늘처럼 얇은 관이 척수를 뚫고 들어갔기 때문에 그 구멍으로 척수액이 흘러나올 수 있어 똑바로 누운 자세에서 여섯 시간을 있어야 한다고 했다. 검사가 얼마나 고통스러웠는지는 민성이의 퉁퉁 부은 눈에서도 알 수 있었다. 주사바늘 자국도 엄청났다.

검사 결과 민성이는 뇌수막염이었고, 2주 정도 입원하면서 치료를 받아야 한다고 했다. 그래도 감사한 것은 치료해서 나을 수 있는 병이란 사실이었다. 검사를 받으며 민성이가 우는 소리를 들었을 때는 이러다 죽는 건 아닌가 싶을 정도였기 때문이다.

홍기적은 늦게까지 계약을 매듭짓고 하루 종일 회사에서 시달리고 온 금나라에게 집에 들어가라고 했다.

"오늘은 내가 민성이 옆에서 간호할게."

"아니야. 자기 요즘 회사 바쁘잖아."

"자기도 바쁘지. 오랜만에 아빠 노릇 좀 하게 해주라."

홍기적의 눈빛을 보고 금나라는 알았다고 했다.

"민성아. 엄마는 집에서 민지랑 자고 내일 올게. 오늘은 아빠랑 단둘이 오붓하게 자렴."

"나 엄마랑 자면 안 돼?"

홍기적은 민성이의 대답에 서운한 마음이 들었다.

"민성아. 오늘은 아빠랑 같이 자자. 아빠가 민성이랑 꼭 같이 있고 싶어서 그래."

민성이는 입을 비쭉거리며 대답했다.

"알았어."

홍대리는 그날 밤 민성이와 함께 잠이 들었고 아파하는 민성이의 손을 꼭 잡아주었다.

영화 한 편에서 발견한 아빠의 존재감

다행히 민성이는 점점 회복해갔다. 민성이가 아픈 후 홍대리는 퇴근 뒤에 민성이, 민지와 시간을 보내려고 애썼다. 병간호를 주로 맡아 했던 금나라가 힘겨워하는 것을 보니 안쓰럽다는 생각이 들었다. 놀아달라고 달려들 때면 때로는 귀찮기도 했던 아이들이지만, 아프고 나니 미안한 마음이 드는 것도 사실이었다. 민성이가 아프면서 금나라와 홍기적은 화해라고 할 것도 없이 묵은 때를 묻어놓듯 갈등을 숨겨놓고 다시 육아와 직장일에 파묻히게 되었다.

어느 날, 홍기적은 오랜만에 소파에서 TV 채널을 돌리고 있었다. 리모컨이 멈춘 곳은 〈클릭〉이라는 제목이 보이는 영화 소개 채널. 영화를 좋아하는 홍기적은 점점 영화에 빠져들었다.

건축가 마이클은 어여쁜 아내와 두 아이를 둔 가장이다. 마이클은 끊임없이 밀려드는 일과 가정을 돌보는 일까지 두 마리 토끼를 잡기에 정신

없는 평범한 직장인이다. 그렇게 현실에 순응하며 지쳐가고 있는 그에게 가족의 목소리는 소음으로 느껴지고, 반복되는 일상은 길게만 느껴졌으며, 행복했던 과거는 그립기만 했다.

마이클은 집에서 TV를 틀려다 리모컨이 너무 많아 헷갈려 한다. 그러다 그는 여러 기기를 하나의 리모컨으로 조정할 수 있는 '만능 리모컨'을 구한다. 그날 밤, 서재에서 작업 중이던 마이클은 시끄럽게 짖는 강아지를 향해 홧김에 조용히 하라며 리모컨의 '소리 줄임' 버튼을 누른다. 그런데 진짜로 개가 짖는 소리가 줄어드는 게 아닌가! 그는 이 리모컨을 클릭하는 것만으로 지루한 시간을 빨리 감기도 하고, 기억을 되감기도 할 수 있다는 사실을 알게 되었다. 길거리에 쭉쭉 빵빵 그녀가 지나가면 만능 리모컨의 '슬로 모션' 버튼으로 몸매를 감상하고, 꽉 막힌 교통 체증에 시달리는 출근시간은 '빨리 감기'를 해서 순식간에 회사에 도착하게 한다. 무슨 일이든 마음대로 조정할 수 있는 '만능 리모컨' 덕에 마이클은 룰루랄라 즐겁기만 했다.

그렇게 유쾌한 인생 개조를 시작한 마이클은 자신이 전념하고 싶은 부분에만 전념하면서 아내의 잔소리나 가족들과 함께하는 시간은 귀찮은 시간으로 생각하고 리모컨으로 빨리 감기를 계속 누른다. 하지만 이 리모컨에는 한 가지 부작용이 있었는데, 자신이 한 번 빨리 감기했던 장면은 나중에 다시 그 상황에 머무르려고 해도 자동으로 빨리 감기가 실행된다는 점이다.

마이클은 이 리모컨을 사용하여 마침내 사장직까지 올라가게 되고 부와 명예를 얻는다. 하지만 가족과 함께하는 시간, 힘든 과정들은 모두 빨리 감기로 흘려보냈던 마이클은 몸은 그 자리에 있지만 정작 그의 기억에는 가족들과의 시간들이 남아 있지 않았으므로, 공유할 추억도 없고 가족과의 유대감도 없는 늙은이가 되고 만다. 결국 이혼까지 하고 시간이 지나 늙고 병들어 병실에 누워 있게 되고서야 마이클은 비로소 깨닫게 된다. 그 어떠한 것보다 가족이 중요하다는 것을.

하지만 다행히도 마이클은 모두 꿈인 것을 깨닫는다. 그리고 가족의 소중함을 더더욱 느끼게 되고, 집으로 돌아와 예전과는 다른 자상한 아버지의 모습을 보인다. 탁자 위에는 리모컨을 팔았던 모티가 남긴 메모 하나가 남아 있었다.

'한 번 더 삶을 줄 테니 이번에는 잘할 거라 믿네.'

"영화에서 주인공은 자신이 원하지 않는 순간은 클릭해서 넘겨버렸어요. 누구나 늘 똑같은 삶, 쳇바퀴 도는 듯한 반복되는 하루하루에 힘들고 귀찮은 순간은 넘기고 싶다는 생각을 할 겁니다. 일에 지칠 때는 아이와 가족과 함께하는 시간도 힘들게 느껴집니다. 그런데 그 순간들을 모른 척하고 넘기면 영화에서처럼 만능 리모컨으로 빨리 감기하는 것과 뭐가 다르겠나 싶어요. 나중에 여유가 생길 때 같이 보내면 된다고 생각하지만 지금 이 순간이 지나면 같은 시간은 다시 오지 않습니다."

"그렇네요. 굉장히 마음에 와 닿습니다."

"미국의 차기 대선주자 중 한 사람으로 거론되던 민주당 에번 바이 상원의원이 2004년에 선거에 나가지 않겠다고 밝혔었습니다. 혹시 왜 그랬는지 아세요?"

"아뇨. 제가 정치에 관심이 없어서요."

"다섯 살 난 쌍둥이 아들들과 더 많은 시간을 갖기 위해서였습니다. 그는 만일 선거에 나선다면 앞으로 3년 반은 아이들과 함께 할 수 없을 것이고, 그 잃어버린 시간은 다시 돌아오지 않을 것이라고 말했습니다."

"정말 대단하네요."

"그렇죠. 정치라는 게 그렇지 않습니까. 연예인처럼 한번 휘몰아치는 인기나 기운이라는 게 있어서 그것을 놓치면 다시 사람들에게 이미지를 만들고 각인시키기가 힘듭니다. 그런데도 에번 바이는 무엇이 중요한지 알았던 겁니다. 아이들에게 비싼 장난감, 비싼 음식을 사주는 것보다 더 큰 선물은 아빠가 함께해주는 시간입니다."

영화 소개가 끝난 후 두 진행자는 영화와 관련된 이야기를 하는 토크쇼를 진행하고 있었다. 마치 홍대리에게 들으라고 하는 소리들 같았다.

"엄마 아빠가 아이와 함께 할 수 있는 시간을 생각해볼까요? 아이들이 몇 살 때까지 엄마나 아빠와 놀고 싶어 할 것 같나요?"

"초등학생 정도까지 놀고 싶어 하지 않을까요?"

"요즘은 초등학교 고학년만 되어도 친구들끼리 시간을 보내고 싶어 해요. 4학년까지라고 생각하면, 길게 보면 10년입니다. 아이가 말이 통하기 시작하는 네 살부터 생각하면 6~7년 정도이고요. 생각보다 짧은 시간입니다. 한번 흘러간 시간은 절대 다시 오지 않아요. 오늘 이 프로를 보신 시청자분들도 마이클처럼 한 번 더 기회를 잡았다고 생각하고 가족과 아이들과 함께 하는 행복한 시간 보내셨으면 좋겠습니다. 이상 영화와 함께하는 토크쇼 마치겠습니다."

이진국의 표정이 행복해 보인 이유

직장에서의 압박, 집에서는 아내와 아이들로부터의 시달림. 홍기적은 정말 어디론가 탈출하고 싶었다. 그때 이진국이 갑자기 떠오른 건 왜였을까. 대학 때 별 볼 일 없었던 그 녀석. 연애 한 번 제대로 못 해보고 학점도 홍기적보다 별로였던 것 같다. 홍대리가 보기에 생긴 것도 이진국보다는 자신이 더 나은 것 같고……. 집안으로 치자면 홍대리야 결혼하면서 부모님이 전셋집을 마련해주셨지만 이진국은 그 정도 형편이 안 되는 걸로 들었다.

홍대리는 핸드폰을 꺼내서 이진국의 번호를 찾아 눌렀다.
"어. 기적아."
핸드폰 너머에서 활기찬 진국의 목소리가 들렸다.
"그래. 진국아, 오늘 오랜만에 우리 둘이 술 한 잔 어떠냐?"
"오늘? 오늘은 힘들 것 같고 내일은 어떠냐?"

"회사가 많이 바쁜가 보네."

"오늘은 가족 모임이 있어서 말야."

"그래. 알았다. 내일 보자."

'무슨 가족 모임을 주말드 아니고 평일에 해. 바쁜 척은.'

"이진국!"

오늘도 여전히 이진국은 좋아 보였다.

"홍기적. 잘 있었냐? 웬일이냐? 네가 먼저 연락을 다 하고?"

"지난 번 동창회에서 이야기도 제대로 못 했잖냐. 그래서 연락했지."

"그래. 잘했다. 오랜만에 학교 근처에서 보니까 학생 때 기분 나는데."

홍기적과 이진국은 졸업한 학교 앞 맛집으로 유명한 식당으로 갔다. 대학 때부터 즐겨 가던 곳이었다. 식당에 들어서는데 홍기적과 이진국의 얼굴이 입구의 거울에 비쳤다. 홍기적의 얼굴은 누가 봐도 거칠한 모습인데 이진국의 얼굴은 윤기가 나고 웃음이 묻어 있다는 말이 딱 들어맞는 것 같은 얼굴이었다. 홍기적은 씁쓸해졌다.

"캬."

"여기 국물 맛은 아직도 여전하구나."

홍기적과 이진국은 얼큰한 매운탕 국물을 먹으니 하루의 피로가 가시는 것 같았다.

"그러니까. 오랜만에 오니까 더 맛있네!"

"아줌마! 여기 소주 한 병이요!"

"진국아, 가족 모임을 평일에도 하냐?"

"아. 우리 가족끼리 항상 매주 수요일은 어떤 일이 있어도 모이거든."

"아."

"놀랐냐? 가족 모임이라고 해서 굉장히 큰 모임인줄 알았다가 아니라고 해서?"

"아니, 그럴 수도 있지."

홍기적은 그럴 수 있다고 말은 했지만 가족끼리 모여 밥 먹는 것을 가지고 모임이 있다고 자신과의 약속을 미루다니 조금 괘씸한 생각도 들었다. 시원한 매운탕과 소주와 함께 홍기적과 이진국은 하나 둘 이야기를 시작했다.

"사실 아이도 둘이고 맞벌이하느라 서로 힘들어서 요즘 내 생활이 말이 아니야."

"그렇지. 정말 혼자일 때랑 다르다니까."

"넌 좋아 보이는데?"

"나도 다 힘든 과정을 거쳤어. 지금은 어쩌면 육체적으로는 더 힘든 상황일지도 몰라."

"그게 무슨 말이야?"

"음. 넌 스스로 어떤 아빠라고 생각해?"

"그게…… 평균 이상은 된다고 생각하지. 애 엄마 집안일도 도와주려고 노력하고 있고, 퇴근하고 나서 애들하고도 놀아주려고 노력하고. 주말에는 피곤해서 자는 게 먼저긴 하지만 그래도 가끔 놀이공원도 가고, 남들 하는 것은 다 해주고 있는 아빠지."

"그런데 뭐가 문제야?"

"애 엄마가 늘 불만이라는 거야. 가장으로서 어깨가 무거운 내 마음을 이해해주지 못하는 것 같고."

"맞아. 나도 공감하지. 그런데 대한민국 아빠들이 갖고 있는 증후군이 있더라."

"뭐?"

"평균 아빠 증후군."

"그게 뭐야?"

"자신이 평균적인 아빠는 될 거라는 생각. 노력하고 있다는 생각. 보통은 넘는데 마누라가 내게 너무 많이 요구한다는 생각. 나는 아내를 도와주고 있다는 생각이 바로 '평균 아빠 증후군'의 증상이래. 심리학에서는 자신이 평균 이상이 될 것이라는 착각을 '평균 이상 착각'이라고 해."

심리학 용어까지 들먹이며 말을 꺼내는 이진국은 더 이상 대학 때의 이진국이 아니었다.

"그렇지. 하지만 진국이 너도 맞벌이도 하고 직장생활도 계속해서 알지 않아? 직장에서 살아남아야 한다는 스트레스도 큰데 집에 돌아오면 살림과 육아에 참여하라고 하잖아. 게다가 아빠 효과라고 해서 아빠가 육아에 참여하면 아이의 이런저런 점이 더 좋아진다더라는 말도 유행이고. 평일 내내 시달리다 보면 주말은 이틀 내내 잠자기에도 부족해. 열심히 일하고 퇴근하고 나서 TV 좀 보고, 주말이면 늦잠도 좀 자고, 낮잠 좀 자겠다는 게 그렇게도 사치스러운 요구니? 누구는 아이들이랑 시간 보내고 싶지 않냐고. 내 자식인데 같이 놀고 싶지. 하지만 시간이 없는 걸 어떡하라고. 내가 할 수 있는 한 최선을 다하고 있는 모습을 아이들에게 보여주는 것이 좋은 아빠 아니니?"

홍대리는 억울하다는 듯이 이진국에게 항변했다.

"그래. 네가 진짜 최선을 다하고 있는지는 모르겠지만 나도 원래는 그렇게 생각했고, 나 정도면 잘하고 있다고 생각했어. 직장 다니면서 힘들면서도 아빠 흉내 내려고 아이들과 놀이공원에 가끔씩 가거나 하면 아빠 노릇을 다했다고 생각했지. 주말에 애들 비디오 틀어주고 옆에서 내 할 일 하면 그게 놀아주는 거라고도 생각했어. 아이 엄마도 '도와준다'라고 말했지. 그런데 말이지 '놀아준다', '도와준다'라는 말 자체에 비주체성이 들어가 있는 거야. '놀아주는' 게 아니라 아이와 '같이' 노는 거였고 집안일을 '도와주는' 것이 아니라 '같이' 하는 거였어. 우리는 회사에서도 주인의식이 없고 가정에서도 주인의식이 없어. 양다리를 걸치고 있는 아빠들이 많지. 회사에서는 얼른 퇴근했으면, 하고 가정에서도 역시 잠이나 자고 내 할 일이나 했으면, 하면서 회사에서도 가정에서도 그냥 어쩔 수 없이 소속되어 있는 경우가 많잖아."

"진국아, 너 정말 많이 달라졌다."

"그래. 나는 결혼하면 누구나 아빠가 되는 줄 알았어. 그런데 한동안 우리 부부는 불임으로 고생을 했었거든. 그렇게 마음고생을 해서 아빠가 되니 마음이 다르더라고."

'아, 그랬었구나.'

홍대리는 결혼하자마자 임신이 되어 아이가 자유를 빼앗아간 것처럼 느껴졌었다. 이진국은 다시 말을 이었다.

"나도 예전엔 먹고살아야 하는 문제, 직장에서 버텨내야 하는 문제, 때로는 가기 싫은 회식 자리를 뿌리치기 어려운 현실, 그 모든 게 처자식을 위해 어쩔 수 없는 일이라고 생각했어. 아이들이 나이 들어 성장하면 아빠의 모습을 이해해줄 거고 또 아이들도 그런 삶을 살 거라고 생각했어. 대한민국이란 나라에서 살아가려면 어쩔 수 없는 선택이라고 속으로 끝없이 변명했어. 또 돈이 없으면 지금의 아이들도 없을 거란 생각도 했지. 아이들과 아내가 그런 내 마음을 몰라주는 게 더 힘들고, 주변을 헤매는 것만 같아서 행복하지도 않았고, 가족들의 푸념을 들으면 사실 섭섭한 마음만 들었고."

"내 말이. 내 말이 그 말이야."

"그런데 기적아, 그게 아니더라. 그렇게 힘들게 갖게 된 첫아이였는데 우리는 언제 불임부부였냐는 듯이 둘째까지 낳았잖아. 그런데 첫째가 많이 아팠어. 하늘이 나한테 왜 이런 시련을 또 주시나 싶을 정도로 정말 힘들었거든."

"그런 일이 있었구나."

"그러고 나니까 진실이 보이더라. 아이들은 연중행사처럼 휘황찬란한 놀이공원에 가는 것보다 동네 놀이터라도 아빠와 야구공을 주고받는 캐치볼 하는 것을 더 좋아하더라고. 돈 몇 십만 원 더 쥐어주는 것보다 설거지 한 번을 더 하는 걸 아내도 좋아하더라고. 세상 탓을 하기에는 인생이 그다지 길지 않다는 걸 알았어. 또 세상 탓만 하기에는 가족이 너무나도 소중하다는 것도 알았고. 아이가 커서 이렇게 나처럼 세상의 부속품으로 힘들게 아빠 노릇하며 살 것을 생각하니까 끔찍하더라고. 내가 그런 모습을 보이고 있는데 내 아들이라고 다른 삶을 살겠나 싶었어. 우리가 하고 있는 행동이 아내와 아이들의 가족으로서 권리를 빼앗는 것이라면 다시 생각해봐야 한다는 생각이 들어."

홍기적은 점점 술기운이 깨면서 이진국의 말이 뚜렷하게 들어와 귀에 박혔다.

"내가 아이들과 함께하기 시작하고 변하면서, 아내 입장도 이해하게 됐어. 이제 난 완전히 다른 삶을 살고 있어. 집에 가면 날 반기는 가족이 있는 게 정말 행복하고, 회사에서 일도 더 잘 풀려."

'이거였구나. 이진국의 표정이 행복해 보였던 이유가.'

이진국은 그 이후로 아빠 모임에서 알게 된 아빠들의 이야기를 하나하나 풀어놓기 시작했다.

홍대리는 가정적인 아빠는 사회에서 인정받지 못하며, 태초부터 자신과 종족이 다른 사람들이라고 생각했다. 하지만 지금 '좋은 아빠'라고 불리는 사람들도 똑같은 고민이 있었고 힘들었던 시절이 있었다는 이야기를 들으니 자신의 생각이 틀렸나 하는 생각이 들었다. 무엇보다도 홍기적은 현재 자신의 삶이 행복하지 않았다. 그렇게도 결혼하고 싶었던 금나라와도 이렇게 싸우며 지내고 있고, 출근하면 퇴근하고 싶고, 월요일이 되면 주말이 왔으면 좋겠고, 막상 주말이 되면 아내와 아이들의 성화에 잠도 푹 못 자는 것이 짜증스러웠다. 그저 원 없이 잠만 잤으면 좋겠다고 생각하기도 했다.

"본인도 행복하지 않고 가족도 행복하지 않고 아빠들이 왕따가 되고 존재 이유를 상실하는 게 우리 현실이잖아. 하지만 기적아, 아빠들이 정보를 얻을 수 있는 카페나 책이 요즘은 많아."

홍대리는 이진국에게 생각지도 않은 말을 듣고 헤어졌다. 동창회에서 본 밝은 모습에, 이 녀석이 직장에서 한 빽 단단히 잡아 고속 승진을 하고 있나, 아니면 아파트 값이 올랐나 하는 상상을 했다. 그런데 아빠로서 열심히 살아보기로 하고 그렇게 삶이 달라졌다는 말을 들으니 의외였다.

집으로 들어가자 아이들과 아내는 나란히 잠들어 있었다. 아이들 방으로 들어가보았다. 정말 오랜만에 아이들 방에 들어가는 것 같았다. 민성이와 민지가 앉기에 좋은 미니 책상 위에는 민성이의 그림 일기장과 민지의 그림이 놓여 있었다.

'오늘은 엄마랑 팥죽 만들기를 했다. 동그랗게 새알을 만드는 게 제일 재미있었다. 팥죽이 달콤해서 맛있었다. 나중에 또 만들고 싶다.'

'민지랑 엄마랑 놀이터에서 그네를 타고 놀았다. 민지는 조금만 세게 그네를 밀면 무섭다고 운다. 왜 무서운지 모르겠다. 그네를 탈 때면 하늘을 날아다니는 것 같다. 정말 재미있었다.'

민성이의 그림일기장에는 온통 민지와 엄마 이야기뿐이었다. 아빠에 대한 이야기는 한 번도 등장하지 않았다.

'내가 그렇게 민성이와 안 놀아줬나? 왜 아빠 이야기는 하나도 안 써놓은 거야?'

다음 날 회사에서 점심시간이 되자 홍대리는 인터넷을 뒤적여보았다. 그러다가 우연히 초등학교 2학년이 쓴 시라며 사람들의 댓글이 많이 달린 글에 눈길이 머물었다.

제목 : 아빠는 왜?

엄마가 있어 좋다
나를 이뻐해주셔서.

냉장고가 있어 좋다
나에게 먹을 것을 주어서.

강아지가 있어 좋다
나랑 놀아주어서.

아빠는 왜 있는지 모르겠다.

"아빠, 왜 회사 안 가?"
"아빠는 몰라도 돼."
"어머! 여보! 이거 애들 거야. 먹지 마!"
홍대리는 갑자기 민성이와 민지, 아내 금나라가 평상시에 했던 말들이 떠올랐다.

불량 아빠들의 '좋은 아빠' 변신 스토리

홍대리는 이진국이 추천해준 인터넷 카페들에 가입을 했다. 그곳은 신세계였다. 카페에는 아이들과 함께 요리를 해 먹는 아빠, 각종 놀이들을 함께 하는 아빠들이 모여 글을 쓰고 사진을 올리고 있었다. 아빠들끼리의 모임도 있었다.

'정말 시간이 많은 아빠들이네.'

홍대리가 보기에는 시간이 남아돌아서 아이들과 여유롭게 시간을 보낼 수 있는 남자들인 것 같았다. 카페를 둘러보다 보니 곳곳에 진국이가 쓴 글도 보였다. 또 아빠들이 읽을 만한 좋은 글들도 많이 올라와 있었다.

'요즘은 참 별 모임이 다 있다니까.'

그때 핸드폰이 울렸다. 이진국이었다.

"기적아. 이번 주말에 아빠들 모임이 있는데 민성이, 민지랑 같이 올래?"

"애들이랑 나만?"

"그래. 그래야 제수씨도 좀 쉴 거 아니니. 얼마 전까지 민성이가 아파서 고생 많이 했다며. 여기 좋은 분들도 많고 나름 재미있다야. 너도 한번 와 봐. 처음엔 혼자 나가기가 영 쑥스러울 테니 내가 오라고 할 때 오는 게 너도 좋을 거다."

그렇지 않아도 금나라는 요즘 몸이 안 좋았다. 홍대리 역시 특별히 만날 사람도 없어 심심하던 차에 나름 재미있겠다 싶었다. 표정 좋은 이진국이 그렇게도 추천하는 모임이 아니던가. 카페에서는 주말 모임을 같이 가질 아빠들을 모집하고 있었다. 한편에는 내키지 않는 기분이 아직도 마음 끝자락을 붙잡고 있었지만 홍대리는 아빠 모임에 참가한다는 신청을 했다.

"여보. 나 이번 주말에 민성이랑 민지 데리고 외출할게. 집에서 쉬든가 영화라도 한 편 보고 오든가 해."
"정말?"
"그럼 정말이지 가짜야?"
"당신이 혼자 애들을 다 볼 수 있겠어?"
"걱정 마. 민성이 간호하느라 당신이 애썼잖아."
"살다 보니 이런 날도 오고. 여보, 정말 고마워."

아내인 나라의 활짝 핀 얼굴을 보니 덩달아 기분이 좋아졌다. 오래전부터 구겨져 있던 서로의 마음이 한 마디의 말로 다림질되는 기분이었다.

홍대리는 토요일 아침 민성이와 민지를 차에 태우고 서울숲으로 향했다. 새로운 사람들을 만난다는 생각에 기대도 되었다.

"기적아, 여기야. 여기!"

진국은 아이 둘을 데리고 자연스럽게 돗자리 위에 앉아 있었다. 진국을 제외하고 아빠들 세 명이 아이들과 함께 모여 있었다. 홍기적의 나이 또래로 보이는 사람이 둘, 홍기적보다 약간 나이가 많아 보이는 사람이 한 명이었다. 단풍이 절정에 다다를 때라 그런지 사람들이 굉장히 많았다. 공원으로 주말 나들이를 나온 가족이나 연인들이 사진을 찍기도 하고 자전거를 대여해서 타기도 하고 있었다. 가을바람이 단풍과 함께 한껏 웃고 있는 모습이 홍기적의 마음을 평화롭게 만들었다.

"제 친구예요."

"안녕하세요. 홍기적이라고 합니다."

"여기는 대호건설에서 일하고 있는 김은성 씨, 여기는 성지전자에서 근무하는 박덕기 씨야. 그리고 개인적으로 가게를 운영하고 계신 우리의 멘토이자 형님 격인 최진혁 씨."

　아빠들은 서로 인사를 나눴다. 아이들은 벌써 친해져서 근처 잔디밭에서 뛰어놀고 있었다.

　일하는 이야기를 들어보니 각자가 다양한 상황에 처해 있었다. 어떤 아빠는 일찍 퇴근했고 어떤 아빠는 야근을 밥 먹듯이 했다. 아내가 전업주부인 사람도 있었고 맞벌이인 사람도 있었다. 맞벌이 중에서도 아내가 승무원으로 며칠씩 집을 비우는 사람도 있었고 간호사로 교대근무를 하는 사람도 있었다. 다들 아이 키우기가 만만찮은 상황이라는 생각이 들었다.

"홍기적 씨는 오늘 어떻게 오신 거예요?"

"이 친구가 제 대학 동창이에요. 소개를 해줘서 한번 나와봤어요. 다들 어떻게 이런 모임을 하고 육아에 관심을 가지게 되셨는지 궁금하네요."

김은성이 먼저 입을 열었다.

"저 같은 경우는 아이가 태어나고 아빠로서 뭔가 이것저것 해보고 싶은데, 주변에 그런 이야기를 하자니 좀 어색했어요. 그래서 인터넷을 뒤적거리기 시작했죠. 그랬더니 정말 굉장한 아빠들이 많더라고요. 그래서 이런저런 글도 읽게 되고, 그러다 안 되겠다 싶어서 도서관에 가서 자녀교육서도 읽게 되고……. 그러면서 아빠가 아이에게 얼마나 영향을 많이 미치는지도 알게 되었어요. 요즘에는 육아에 관심이 많은 아빠들도 많아지고 가정으로 돌아가자는 분위기가 많이 조성되어서 그런 카페나 블로그를 운영하는 사람들을 쉽게 찾을 수 있더라고요."

아이가 태어난 순간 아빠로서의 다른 마음가짐을 가졌다는 게 놀라웠다. 이어서 박덕기 씨도 이야기를 시작했다.

"네, 맞아요. 아무래도 좋은 아빠가 된다는 것에 관심을 갖고 있는 사람이 많아지긴 했지만 아직도 대부분은 그렇지 않아서 물어보기도 영 껄끄럽고 말하기도 그래요. 괜히 남편 대접 못 받고 사는 사람처럼 보이기도 하고……. 그런데 이렇게 같은 생각을 갖고 있는 사람들과 만나서 함께한다는 것이 좋은 일인 것 같아요. 저는 사실 원래 아이들을 좋아하는 성격이 못 되었어요. 결혼 전에도 그렇게 다정다감한 성격이 아니었고요. 하지만 저희 아버지처럼 되지 않아야겠다는 마음은 항상 갖고 있었어요."

"아버지처럼 되지 않아야겠다는 마음이요?"

"네. 저희 아버지는 너무 엄격하셨어요. 그래서 제가 마음을 열기가 힘들었죠. 물론 저는 저희 아버지를 좋아하고 존경했지만, 아버지처럼 되고 싶지는 않았어요. 힘든 부분도 많았거든요. 그래서 애를 썼던 것 같아요."

어느 순간 아버지처럼 아이들에게 화를 내고 권위만 내세우고 있는 자신의 모습을 발견하게 됐고, 아버지처럼 되지 않기 위해 아이들과 가깝게 지내는 방법을 연구하기 시작했다고 했다. 그리고 마지막으로 이진국이 말했다.

"저는 어쩔 수 없었어요. 아내가 승무원이라 며칠씩 집을 비우게 돼서 어느새 보니 제가 육아를 전담하고 있더라고요. 물론 장모님도 많이 도와주시기는 하지만 제가 퇴근하고 어린이집에서 딸을 데리고 오고, 저녁시간을 함께 보내고, 주말에도 밖에 데리고 나가고 그러게 되었어요. 진짜 힘들어요. 그런데 같이 있는 시간이 길다 보니까 아이와 교감하게 되고 아이에 대해 더 궁금해지고 그러는 것 같아요. 아이에게 직접 분유를 먹이고, 기저귀를 갈아주고 목욕을 시키면서 아이가 얼마나 사랑스러운 존재인지 깨달아갔어요. 또 제가 알게 된 건 엄마라고 해서 원래부터 그런 일들을 잘하는 게 아니라는 거예요. 자주 해보고 많이 고민하는 부모가 더 능숙해지고 관심을 갖게 되는 것 같아요. 저도 아빠지만 점점 능숙해졌거든요. 아이도 저를 더 많이 따르고요."

"아이들한테만 좋은 게 아니죠. 사실 오늘 하루쯤 이렇게 나와주면 애들 엄마는 하루라도 마음 편히 쉬게 되고, 저도 점수를 팍팍 따죠. 그리고 저도 친구들을 만나거나 할 때 따놓은 점수로 눈치 안 보고 나갈 수 있으니 좋은 것 같아요."

"저희는 인터넷에서 서로 정보를 주고받아요. 가끔 시간과 마음이 맞으면 이렇게 같이 놀러 나오기도 하고요. 일단 일과 가정에서 균형을 맞추고 싶어 하는 점에서 공통점이 있어서 통하는 것도 많고 아이들과 아내들도 좋아해요. 홍기적 씨도 아빠 친구들을 만들면 참 좋을 거예요." 김은성 씨가 말했다.

"아빠 친구요?"

"아이 엄마들을 보면 아이 친구의 엄마들끼리 친하게 지내고 그렇잖아요. 그런 것처럼 꼭 직장 동료나 학교 동창들 말고도 가족이라는 것을 매개로 연결된 친구들이 있으니 좋더군요. 여자들이 그렇잖아요. 모여서 수다 떠는 것도 좋아하고, 어디엘 가도 새로운 사람을 잘 사귀고요. 그래서 나이 들어도 아내들은 밖으로 놀러 다니고 오히려 남편들이 아내들 뒤꽁무니 쫓아다닌다고 하잖아요." 박덕기 씨도 말했다.

"그렇죠. 무뚝뚝하셨던 저희 아버지도 지금은 많이 달라지셨어요." 김은성이 고개를 끄덕이며 말했다.

"사실 바깥일도 굉장히 바빠서 또 친구를 따로 굳이 만들어야 하나 싶은데, 직접 만나지 않아도 이런 친구들이 운영하는 블로그, 카페에 들어가기만 해도 참 힘이 돼요. 사실 남자들도 진짜 외롭잖아요. 아이들에게 관심이 많고 소통하는 것을 좋아하는 사람들, 그런 삶에 가치를 두는 사람들이 곧 아빠 친구니까 서로 배우는 것도 많아요." 이진국이 한 마디 거들었다.

"저는 애들하고 잘 지낸다고 생각했는데 생각해 보면 애들이랑 가끔 소파에 앉아 TV 보는 거 이외에 같이 한 게 별로 없는 것 같아요. 이렇게 인터넷에서, 다른 아빠들에게서 배우고 책도 읽고 하면서 애들하고 함께 뭔가 하게 되었죠. 처음에는 서먹하고 낯설었는데 금방 적응하게 되더군요."

"육아가 힘들지만 힘들기만 한 것은 아닌 것 같아요. 오히려 재밌고 뿌듯한 면이 있더라고요."

"맞아요. 그런데 육아는 절대 쉽지 않은 것 같아요. 제 경우는 오히려 어렵다는 점을 받아들이니 편안해졌어요. 그러다 보면 익숙해져서 아이들과 노는 게 이제는 서로가 편하고 재밌어요."

아빠들의 수다를 듣고 있자니 시간이 금세 지나갔다. 홍대리의 마음속을 큰 거인이 와서 밟고 지나간 것 같았다. 그동안 갖고 있었던 생각들은 이미 쑥대밭이 되어 있었다.

홍대리, 멘토에게서 아빠의 의미를 깨닫다

"기적 씨는 아이를 키울 때 엄마 아빠가 둘 다 있는 것이 좋다고 생각하나요? 특별한 사정에 의해 부모 중 엄마나 아빠 한 사람만 있는 것과 별 차이가 없다고 생각하나요?" 이들의 멘토라는 최진혁 씨가 처음으로 말을 꺼냈다.

"물론 엄마 아빠 모두 있는 것이 좋겠지요."

"어떤 점이 좋은데요?"

"음. 아이한테 안정적이고…… 정상적인 가정을 만들어줄 수 있잖아요."

"기적 씨 말은 엄마, 아빠가 둘 다 있다는 것 자체로 좋다는 말인데요. 대부분의 아빠들이 그렇게 생각해요. 아이에게 부모 둘 다 존재함으로써 남들이 보기에 정상적이고 대부분의 가정과 비슷한 조건을 만들어주었다는 것, 그것으로 자신의 할 일을 다했다고 생각하지요. 밖에서 돈을 벌어오고 가끔 아이와 놀아주는 것. 하지만 그게 아빠는 아니지 않나요? 엄마와 아빠 각자의 역할이 있고, 할 수 있는 것들이 다르기 때문에 신은 엄마와 아빠가 만나야 아이가 태어나도록 만드셨죠. 인간이 자웅동체는 아니잖아요?"

"자웅동체요? 웃기네요."

"모두가 알고 있겠지만 여자와 남자는 특징이 달라요. 『화성에서 온 남자, 금성에서 온 여자』라는 책도 있잖아요. 남자들은 공간지각능력이 뛰어나고 상황을 넓고 전체적으로 인식하는 경향이 있죠. 여자들은 인지능력이 뛰어나고 세세하게 부분을 보는 경향이 있고요. 그래서 아이와 함께 하는 놀이도 엄마와 아빠가 달라요. 엄마는 동화책을 읽어주고 인형놀이, 소꿉놀이를 해요. 그런데 아빠들은 신체를 사용해서 에너지가 넘치며 공간을 움직이는 놀이를 많이 해줘요. 기적 씨는 아이들이랑 무엇을 하면서 놀아주세요?"

"목마도 태워주고 첫째인 아들이랑은 축구도 하고 그럽니다."

"그런 것들은 엄마가 해주기가 힘들어요. 아이에게 어떤 문제가 생겼을 때도 마찬가지더라고요. 아빠는 크게, 전체적으로 생각해서 별일 아니라고 넘기는 경우도 많지만 엄마들은 아이의 마음을 공감해주고 달래줘요. 아이의 문제를 해결할 때 경우에 따라 논리적이고 전체적이면서 문제의 해결책을 제시해주는 아빠의 사고가 필요할 때도 있고, 세세하면서도 아이들의 복잡한 심리상태를 읽어주는 엄마의 사고가 필요할 때도 있어요. 서로 해결할 수 있는 부분이 다르기 때문에 장단점을 보완해주는 관계가 바로 엄마와 아빠에요."

"그렇군요. 그런 생각은 못 해봤네요."

홍기적은 왜 그렇게 아빠의 중요성을 여기저기서 강조하기 시작하는지 알 것도 같았다.

"사람들은 회사에서든 개인적인 일이든 어떤 문제를 해결하거나 프로젝트를 할 때, 목표도 세우고 계획도 세우죠. 일이 잘 풀리지 않을 때는 여럿이 모여서 고민도 하고 공부도 하잖아요. 그런데 아빠들이 왜 '양육'이라는 거대한 장기 프로젝트를 하면서는 되는대로 하는지, 엄마가 알아서 하기를 바라는지 모르겠어요."

최진혁 씨가 다소 흥분하는 듯 말했다.

"제 첫째 아이는 벌써 중학생이 되었지만 지금까지도 부모의 역할이 참 커요. 한참 사춘기라 저와도 갈등이 생기고 아이 엄마와도 갈등이 생겨요. 제가 아들과 사이가 좋지 않을 때는 아내가 그 사이를 중재해주고 아내가 딸과 싸우면 제가 중재해주죠."

"아이들과 사이가 좋지 않을 때가 있으세요?"

"당연하죠. 항상 좋을 수 있겠어요? 요즘에는 좋은 대학에 가려면 필요한 게 엄마의 정보력, 아빠의 무관심, 할아버지의 경제력이라고 한다죠? 글쎄, 그건 아닌 것 같아요. 아이가 어릴 때 아빠와 아이가 부딪히기도 하고 대화도 하며 함께 시간을 보내야 끈끈한 정이 만들어져요. 그래야 아이가 사춘기가 되어도 어긋나지 않거든요."

"그러게요. 저도 사춘기 때 한참 반항을 했던지라 민성이가 저를 닮아 반항할까 봐 벌써 걱정되기도 합니다."

"아이가 어릴 때 부모가 무관심하거나 아이의 요구를 자꾸 뒤로 미루면 아이는 부모에게 거절당했다고 생각해요. 함께 시간을 보내자는 자기의 신호를 무시한다고 생각하고, 아이는 부모가 자신에게 관심이 없다고 생각하는 거죠. 머릿속으로는 엄마 아빠가 바빠서, 라고 생각하지만 가슴으로는 이해하지 못해요. 아이는 오로지 아빠 엄마뿐인데 부모는 신경 쓸

게 너무 많잖아요. 직장일에 아들, 남편, 아빠 역할까지."

"바로 그거예요. 할 게 너무 많아요."

"아이는 그렇게 짝사랑만 하고 아빠는 '아빠'라는 역할의 우선순위를 뒤로 미뤄놓으면 아이들은 아빠가 나를 '귀찮아하는구나' 하고 느끼고 어느 순간 함께하자고 하지 않아요. 함께하자고 신호를 보내도 소용없다는 것을 깨달은 거예요. 이제 친구들하고만 시간을 보내려고 하고 부모 말은 귓등으로도 안 듣지요. 아빠가 혼을 내도 그 꾸중에 진정성이 있다고 생각하지 않거든요. 언제부터 나한테 그렇게 관심이 많았냐는 식이죠."

홍대리는 왕일만 부장이 했던 말들이 떠올랐다.

"보통 사춘기면 부모와 멀어지는 게 당연하다고 생각해요. 하지만 어릴 때부터 부모가 아이 사이에 신뢰관계를 구축해놓으면 사춘기가 되어도 질풍노도의 바람 세기나 파도의 높이가 높지 않아요. 잔잔하게 흘러가요. 설사 아이가 어긋났다가도 다시 돌아오게 되어 있어요. 왜냐하면 아이는 자신이 요구할 때 반응해주고 사랑해줬던 부모가 있다는 사실을 잘 알고 있거든요. 아이가 어릴 때는 아빠의 자리를 주장하기가 쉬워요. 언제든 집에 가면 아이가 반겨주고 아이는 아빠와 함께하고 싶어 하니, 아빠 자리는 언제가도 되찾을 수 있는 비어 있는 자리로 느껴지죠. 하지만 아이가 크면 아빠 자리는 언제든 되찾을 수 있는 자리가 아니에요. 아이는 이미 돌아서 있고, 그때서야 내가 아빠로 대우받고 있는 건가 하는 생각도 들어요. 아이와 어릴 때부터 교감하고 진정으로 소통해야만 나중에도 아빠로 인정받아요. 말로만 아빠인 것은 슬프지 않나요?"

"맞아요. 저 역시 나이 들면서 저에게 더 신경을 써주신 어머니한테 마음이 더 가고 그러네요."

홍대리는 친구들 남편은 육아 서적도 읽는다더라며 비교하던 아내의 말이 생각나서 물었다.

"그러면 형님은 육아 서적이나 교육서도 많이 읽으셨어요? 형님이라고 불러도 되죠?"

"그래요. 편하게 불러요. 엄마와 아빠의 차이가 바로 그거예요. 엄마는 어떻게 해서든 아이를 잘 키우고 싶어서 정보를 찾아 헤매고 서로 물어보고 정보를 교환하려고 해요. 육아 서적도 읽고 육아 카페도 가입하면서 말이죠. 아무래도 자기 배 아파서 낳은 아이라 더 책임감이 있는지도 모르겠어요. 하지만 아빠들도 육아 관련 책을 읽어야 해요. 많이는 못 읽더라도 아이를 키우면서 필요한 정보들은 어느 정도 알아두는 게 얼마나 큰 도움이 되는지 몰라요. 아이에게 유용한 놀이는 무엇인지, 또 아이와 대화하는 법, 칭찬하는 법, 아이의 두뇌 발달, 아이에게 적절한 교육방법 등을 고민해보고 배우는 것은 아빠로서의 책임 있는 공부고 노력이라고 생각해요. 물론 책을 읽고 이론으로 안다고 다 좋은 부모가 되는 건 아니지만 알고 있으면 실천할 확률이 높아져요. 그리고 다른 사람은 속일 수 있지만 아이는 속일 수 없어요. 부모가 노력하면 그 진심은 아이에게 전해지게 되어 있어요. 교육의 효과는 바로 나타나는 게 아니라 부모가 고민하고 긴가민가하는 과정을 통해 노력 그 자체의 결과로 서서히 아이에게 나타나게 되거든요. 부모가 올바로 서 있어야 아이 역시 안정감 있고 밝은 아이로 커나갈 수 있죠."

홍대리는 최진혁 씨의 말을 들으며 아빠는 아빠만의 역할이 있고 내 자리와 권위를 지키기 위해서라도 아빠로서 노력해야 한다는 것을 알게 되었다. 하지만 아빠들의 말을 들을수록 마음이 무거워졌다.

최진혁 씨가 마지막으로 한 마디를 덧붙였다.

"엄마와 아빠의 역할이 있어요. 물론 한 부모 가정에서도 한 부모가 부모의 역할을 잘 해내면서 아이들을 훌륭하게 키워내기도 하고, 어릴 때 부모를 여의고도 정말 잘 크는 아이들의 경우도 있어요. 하지만 아빠와 엄마가 각각 자신의 자리를 지키면서 아이에게 해줄 수 있는 것들을 해준다면 그것만큼 좋은 게 없을 거예요. 아이가 날기 위해서는 엄마와 아빠라는 양 날개가 필요합니다."

홍기적의 마음이 조금씩 움직이고 있었다.

Special Page
아빠에게 추천하는 영화

1. 인생은 아름다워, 1997

이탈리아에서 극악한 파시즘이 맹위를 떨치던 1930년대 말, 귀도는 운명처럼 초등학교 교사인 도라를 만난다. 도라에겐 약혼자가 있지만 그 사랑을 운명이라고 생각한 귀도는 그녀와 함께 마을을 도망친다. 귀도의 순수하고 맑은 인생관과 꾸밈없는 유머에 이끌렸던 도라는 그와 결혼하여 아들 조슈아를 얻는다. 그러나 평화롭기 그지없던 이들 가족에게 불행이 닥쳐온다. 독일의 유태인 말살 정책에 따라 귀도와 조슈아는 강제로 수용소에 끌려가고 남편과 아들을 사랑하는 도라는 유태인이 아니면서도 자원하여 그들의 뒤를 따른다. 귀도는 아들이 두려움으로 희망을 잃을까 봐, 또 아들을 살리기 위해서 수용소에 도착한 순간부터, 조슈아에게 자신들이 처한 현실이 실은 하나의 신나는 놀이이자 게임이라고 속인다. 귀도는 자신들이 특별히 선발된 사람이라며 1,000점을 제일 먼저 따는 사람이 1등상으로 진짜 탱크를 받게 된다고 설명한다. 어릴 때부터 장난감 탱크를 좋아했던 조슈아는 귀가 솔깃하여 귀도의 이야기를 사실로 믿는다. 두 사람은 아슬아슬한 위기를 셀 수도 없이 넘기며 끝까지 살아남는다. 마침내 독일이 패망한다. 그러나 혼란의 와중에서 탈출을 시도하던 귀도는 독일군에게 발각되어 사살당하고 만다. 죠슈아는 아빠와의 게임 끝에 살아남게 되고, 미군 탱크가 오자 아빠가 게임에서 살아남은 자신에게 준 1등 선물이라고 믿는다.

2. 아이엠 샘, 2001

지적 장애로 일곱 살의 지능밖에 지니지 못한 샘과 레베카 사이에 딸 루시가 태어난다. 하지만 레베카는 샘과 딸을 남겨두고 사라지고 샘과 루시는 둘만의 생활을 시작하게 된다. 수요일에는 레스토랑에, 목요일에는 비디오 나이트에, 금요일에는 노래방에 함께 다니는 것이 이들  부녀의 작은 행복. 남들이 보기에는 정상적이지 못하지만 그들은 가장 즐거운 시간을 함께하며 행복한 가정을 이루고 있다. 어느 날 사회복지기관에서 샘의 가정을 방문하고 샘은 아빠로서 양육 능력이 없다는 선고를 받게 된다. 결국 루시는 시설로 옮겨지고, 샘은 주 2회의 면회만을 허락받게 된다. 세상에서 가장 사랑하는 딸과의 행복한 날들을 빼앗기고 실의에 빠진 샘은 법정에서 싸워 루시를 되찾을 결심을 굳히고, 승승장구하는 엘리트 변호사 리타 해리슨의 사무실을 찾아가면서 재판이 시작되는데……. 과연 샘은 루시의 훌륭한 아빠라는 것을 증명할 수 있을까?

3. 그렇게 아버지가 된다, 2013

자신을 닮은 똑똑한 아들, 그리고 사랑스러운 아내와 함께 만족스러운 삶을 누리고 있는 성공한 비즈니스맨 료타는 어느 날 병원으로부터 한 통의 전화를 받는다. 6년간 키운 아들이 자신의 친자가 아니고 병원에서 바뀐 아이라는 것이다. 친자의 가족들은 료타와 삶의 방식이 너무나도 다르다. 사회적으로 성공하지 않았고 소위 남들이 말하는 교양이 있는 것 같지도 않지만 친자라고 데려온 아들은 자신을 키워준 부모를 그리워한다. 그 무엇보다도 아이들과 함께 놀아주는 시간을 즐거워하는 친자의 가족들과 경제적으로 남부러울 것 없는 자신과 아들의 관계를 돌아보면서 료타는 고민과 갈등에 빠지게 되는데……

4. 빌리 엘리어트, 2000

열한 살 소년 빌리는 영국 북부지방에 살고 있다. 광부인 형과 아버지는 파업 상태이다. 아버지는 가족의 명예를 회복하기 위해 빌리가 권투를 하기를 바란다. 그래서 빌리는 할아버지의 오래된 권투장갑을 끼고 체육관을 찾는다. 체육관에서는 권투 교실과 발레 교실이 함께 열리고 있다. 그러나 곧 빌리는 권투보다 발레에 눈길이 가고, 발레가 하고 싶다. 발레 선생님인 윌킨슨 부인은 빌리의 재능을 알아보고 독려해준다. 빌리는 아버지 몰래 권투를 그만두고 발레 교실로 옮기게 된다.

이 사실을 알게 된 빌리의 아버지는 무슨 남자가 발레냐며 말리지만 빌리는 자신의 능력을 인정해주고 런던의 로열 발레학교 입학시험을 보라고 격려해주는 윌킨슨 부인과 함께 열심히 오디션을 준비한다. 그리고 빌리의 춤을 본 아버지도 발레만이 빌리가 탄광에서 벗어날 수 있는 유일한 탈출구라는 사실을 깨닫게 되고 빌리를 런던으로 보내기 위해 그가 마련할 수 있는 모든 돈을 모으기 시작한다.

5. 로렌조 오일, 1993

ALD라는 희귀 난치병에 걸린 아들을 살리기 위한 부모의 눈물 나는 과정을 실화를 바탕으로 영화로 그려낸 작품이다. 워싱턴으로 전근을 온 은행 직원 오거스트 오도네와 그의 아내 미카엘라는 외아들 로렌조가 친구들과 싸우는 등 이상한 행동을 하는 것을 발견하고 병원에서 정밀 검  사를 받게 한다. 그리고 로렌조가 치료법이 없는 ALD(대뇌백질위축증)라는 희귀병에 걸려 3년밖에 살지 못한다는 사실을 선고 받는다. ALD란 1932년 처음 발견된 유전질환으로 현재까지도 완벽한 치료제가 발견되지 않은 희귀 난치병이다. 이 병은 긴 사슬형 지방산이 분해되지 않아서 피 속에 축적되다 뇌로 흘러가 뇌신경을 파괴하면서 청각, 언어, 운동능력을 천천히 잃어가 전신마비를 일으켜 결국은 죽음으로 치닫게 되는 치명적인 병이다.

아무런 대책도 없는 병원을 대신해 부부는 직접 치료제를 찾아 나선다. ALD에 관련된 모든 서적을 닥치는 대로 탐독하며 치료법을 모색하던 중 그들은 불포화지방산과 포화지방산 사이의 효소작용으로 에쿠루산이 혈중 지방 수치를 정상화시킬 수 있다는 사실을 알아낸다. 그러나 의사들이 그들의 말을 믿지 않자 보균자인 처제를 대상으로 실험한 결과 지방 수치가 줄어드는 것을 보게 되고, 병의 초기 증세를 보였던 제이크라는 아이는 완치하게 된다. 이 방법으로 로렌조의 포화지방산 수치는 0으로 떨어졌지만 치료 시기를 놓쳐 완벽한 치료는 되지 않고 진행이 멈추는 것에만 성공한다.

처음에 로렌조 오일에 회의적이던 의사들도 임상결과를 통해 병을 억제할 수 있다고 인정했지만 FDA의 승인은 결국 얻지 못하고 지금도 이 약은 보험 적용이 되지 않고 있다고 한다. 희귀 난치병에 걸린 자식의 병을 살리기 위한 가슴 아픈 부모의 노력을 통해 다시금 가족의 사랑을 깨닫고 감사함을 느끼게 하는 영화이다.

6. 니모를 찾아서, 2003

호기심 가득한 아기 물고기 '니모'가 인간에게 납치되자 아들바보인 아빠 '말린'은 상상을 초월한 위험이 도사리고 있는 바다로 아들을 구하기 위한 모험을 떠난다. 건망증이 심한 수다쟁이 물고기 '도리'와 함께 떠나는 모험에서 '말린'은 과연 아들을 구해낼 수 있을까? 아이와 아빠가 함께 보면 좋은 영화.

대한민국의 보통 사람, 홍대리의 '아빠 수업'이 시작됩니다.

Part 2

홍대리의 아빠 수업 콘서트

홍대리의
〈행복한 아빠 100일 프로젝트〉

❝ 홍대리의 친구지만 조금 늦게 결혼을 한 유강한은 이제 아이 아빠가 되었습니다.
아이가 태어나자 신혼은 소꿉놀이였구나, 하는 생각이 듭니다.
부부싸움도 잦아지고 서투른 아빠다 보니 어떻게 해야 할지 막막하기만 합니다. ❞

제 1 장
홍대리, 아빠 육아를 시작하다

유강한은 옆자리에 앉은 홍대리를 봤습니다. 요즘 따라 유난히도 표정이 좋은 홍대리를 보며 유강한은 한숨을 쉬었습니다. 빠르게 점심을 먹고 온 유강한은 어제 도서관에서 빌려온 책의 첫 장을 폈습니다. 『행복한 아빠 100일 프로젝트』.

'제목이 특이하네? 저자가…… 홍기적? 내가 아는 그 홍기적?'

아빠의 잠재력과 엄마의 잠재력은 같다

"결혼해서 아이를 낳으면 아빠가 되는 것 아니겠어요?"

대부분의 아빠는 말만 아빠인 경우가 많다. 아내가 임신을 해서 아이를 낳았기 때문에, 자신도 모르게 어느 순간 아빠가 되어 있다. 엄마는 임신하면서부터 어린 생명을 뱃속에 품고 키우면서 아기와 함께 호흡하고 느끼며, 마침내 고통 속에서 아기를 낳는다. 그런 과정을 통해 엄마는 이미 '진짜 엄마'가 되어 있다. 하지만 아빠는 아기가 태어나고 나서도 머릿속으로는 아빠라고 생각하지만 가슴으로는 자신이 아빠라는 실감을 하지 못하는 경우가 많다.

많은 아빠들이 아이가 태어나서 안고, 웃고, 아이가 "아빠, 아빠"라고 불러줄 때야 비로소 점점 아빠라는 생각이 들었다고 말했다. 그렇기 때문에 우리는 엄마들에 비해 더 의식적으로 노력을 해야 '진짜 아빠'가 될 수 있다.

민성이가 어릴 때 많이 아픈 적이 있었다. 나는 아픈 아이를 옆에 두고도 잠이 쉽게 들었다. 하지만 아이 엄마는 밤새 간호를 했다. 그게 엄마와 아빠의 차이라고 생각했다. 많은 아내는 남편의 능력을 인정하지 않는다. 아빠들 또한 마찬가지다. 엄마와 아빠는 다르다고 생각한다. 그런데 이성적인 나를 흔들게 하는 연구결과를 보게 되었다.

아내가 아이를 임신했을 때 같이 입덧을 하는 남편들이 있다. 드라마에서도 보면 꼭 아내가 임신할 때 같이 입덧을 하면서 유난 떠는 남자들이 있다. 그래서인지 요즘 좋은 남편의 척도, 아내를 사랑하는 척도를 같이 입덧을 하느냐 마느냐로 생각하는 경우도 있다.

하지만 놀랍게도 아빠의 입덧은 아내를 무척 사랑하기 때문에 상상 입덧으로 이어진 것이 아니었다. 왜냐하면 아내가 임신했을 때 아빠도 엄마 못지않게 생물학적 변화를 겪는다는 사실이 지속적으로 보고되고 있기 때문이다.

아빠가 생물학적 변화를 겪는 것을 '쿠바드 증후군'이라고 한다. 이렇게 이름을 붙인 사람은 영국의 버밍엄대학교 의과대학의 트레소완(W. H. Trethowan)이다. '쿠바드'란 일부 원시 문화권에 남아 있는 일종의 출산의식으로, 아내의 출산이 가까워져올 때 남편이 자리에 누워서 출산의 고통을 흉내 내는 원시 문화다. 이 의식의 목적은 주변 사람들에게 아기의 아버지가 누구인지를 분명히 알리고, 아내가 출산할 때 나쁜 영향을 미치는 모든 악령을 미리 불러들이는 것이다. 그래서 아내가 실제로 출산할 때 악령이 영향을 미치지 못하게 해서 아내와 아기의 안전을 도모하는 것이다.

트레소완에 따르면 아내가 임신한 남편들 중 일부는 식욕이 없거나 메스꺼움과 구토 같은 신체적 증상을 경험하기도 하는데 이런 증상은 특히 임신 3개월에 가장 빈번하게 나타난다고 한다. 이뿐 아니라 무기력, 불안,

신경과민, 불면증 같은 심리적 증상도 경험할 수 있다. 우리는 이런 쿠바드 증후군을 심리적인 요인이라고 생각하는 경향이 많지만 남자도 아내의 임신과 출산에 따라 호르몬 수치가 변화한다는 놀라운 연구결과가 나왔다.

임신 초기, 출산 직전, 출산 직후, 산후 후기의 남편과 아내를 대상으로 실험을 했다. 남편과 아내의 혈액을 채취했고(Sample 1) 그 후에 '아기 자극'을 줬다. '아기 자극'은 실제로 신생아를 쌌던 천으로 인형을 싸고 아기의 울음소리를 들려줘서 시각, 후각, 청각, 촉각적으로 아기와 관련된 자극을 주는 것을 말한다. 그리고 다시 혈액을 채취해서(Sample 2) 호르몬의 농도 변화를 보았다. 혈액분석을 통해 관찰한 호르몬은 크게 세 가지 종류의 호르몬이었다. 돌봄 행동에 영향을 미치는 젖 분비 호르몬인 프로락틴, 아기의 상태에 민감하게 반응해 애착 형성에 영향을 미치는 스트레스 호르몬인 코르티솔, 마지막은 성호르몬으로 남성은 테스토스테론, 여성은 에스트라디올이었다. 결과는 어땠을까?

첫 번째 혈액의 분석 결과, 코르티솔과 프로락틴의 농도는 '임신 초기'부터 높아져서 '출산 직전'에 가장 높았고, 성 호르몬의 농도는 출산 후에 급격히 낮아졌다. 그런데 이 패턴이 직접 임신과 출산을 겪는 아내뿐만 아니라 남편에게도 그대로 나타났다.

출산 직후, 아내는 돌봄에 영향을 끼치는 호르몬인 프로락틴이 급격히 감소했다. 그런데 오히려 남편은 약간만 감소했다. 아이를 본능적으로 돌보고자 하는 것이었다. 실제로 실험해서 아기 울음소리를 듣고 아기들을 더 많이 걱정했던 남편들의 프로락틴 수치가 더 높았다.

'아기 자극'을 주고 난 후의 혈액(Sample 2)에서의 호르몬 농도를 보았을 때 아내도 변화가 있었지만 남편의 변화가 더 컸다. 그중에서도 남성호르몬인 테스토스테론의 변화가 컸는데, 아기가 울자 테스토스테론이 급격히 증가했다. 남성호르몬이 증가했다는 것은 높은 공격성을 의미한다. 즉 아기가 우니까 아빠는 '돌봄 모드'에서 아기를 보호하기 위한 '공격 모드'로 바뀌었다는 것을 알 수 있다.

아내가 임신할 때 같이 입덧을 하는 아빠는 이러한 호르몬 변화가 다른 아빠들에 비해 더 심한 아빠다. 그러니까 입덧을 하지 않는 아빠더라도 아내의 호르몬에 따라 모든 남편의 호르몬 역시 변화하고 있다는 것이다! 남편은 아내를 통해 간접적이지만 실제로 임신과 출산을 경험하고 있었다. 엄마만 임신과 출산을 경험하며 생물학적으로 변화를 겪는 게 아니라 아빠 역시 그러한 과정을 통해 아빠로서의 준비를 해가고 있었던 것이다.

부모에 관한 여러 연구를 진행한 미국 로체스터대학교의 프로디(A. M. Frodi)는 아빠와 엄마에게 조산아와 정상아의 울음소리를 들려주고 그 반응을 보았다. 반응의 조사는 심박수, 최소혈압, 피부 전도와 같은 생리적 측면과 설문지를 통한 감정의 측면으로 이루어졌다. 그 결과가 어땠을까? 아마 조산아의 울음소리를 들었을 때 부모가 더 힘들어했을 거라는 것을 많은 사람들이 예측했을 것이다. 그렇다면 아빠와 엄마의 차이가 있었을까? 엄마가 아무래도 더 예민하게 반응하고 조산아인지 정상아인지 구분도 쉽게 했을 거란 생각이 들 것이다. 하지만 아기의 울음소리에 대해 성차는 존재하지 않았다.

그럼 나뿐 아니라 많은 아빠들이 경험한 것처럼 왜 밤에 잘 때 아이가 울면 엄마는 깨고 아빠는 못 깨는 걸까? 아이의 울음소리가 들리면 아빠의 몸에서 아이를 보호해야 하는 호르몬이 반응할 텐데 말이다. 그것은 성차가 아니라 경험의 차이, 책임감의 차이였다. 아빠는 엄마가 일어나서 보겠지, 하는 마음이 존재했을 것이다. 또 엄마보다 아빠가 낮에 일을 많이 했다면 더 피곤해서 그랬을 수도 있다.

    아이를 돌보는 것도 일반적으로 엄마가 더 잘하는 이유는 경험의 차이, 즉 아빠가 많이 해보지 않았기 때문이다. 아기 기저귀도 갈아보고 우유도 먹여봐야 아기가 배가 고파서 우는 건지 기저귀가 축축해서 우는 건지 구분할 수 있다. 그게 바로 아빠와 아이가 단둘이 있는 시간이 필요한 이유다. 요즘에는 아빠가 전담해서 육아를 하는 집이 늘고 있는데 그런 아빠들을 보면 얼마나 능숙하게 육아를 하는지 모른다. 엄마가 오히려 서툰 경우도 있다. 즉 아빠가 엄마보다 육아를 하기에 서툴고 부족하다는 것은 편견이다. 모든 아빠는 아빠로서의 잠재적 능력을 갖고 있다. 그러니 아빠로서 노력해야 한다. 우리는 아빠로서의 잠재적 능력을 엄마와 비슷하게 타고났다.

성공한 사람들의 아빠에게는 뭔가 비법이 있다

많은 아빠들이 아내에게 '아이 일은 당신에게 다 맡긴다'라며 마치 선심을 쓰듯이 아이 키우는 일을 모두 떠넘긴다. 그리고 아이에게 문제가 생기면 '당신이 잘못 키워서 이렇게 된 것'이라며 아내를 책망한다. 나 역시 원래는 이런 아빠 중 한 명이었으니 더 잘 알 수밖에 없다.

하지만 그러한 책임 회피의 결과는 아이가 아빠를 회피하는 결과로 나타난다. 우리가 생각하는 것보다 아빠가 아이에게 미치는 영향이 더 크기 때문이다.

최근 138명의 어린이를 대상으로 캐나다 컨커디어 대학교 연구팀이 수행한 〈아빠의 양육태도가 자녀의 정서에 미치는 영향에 대한 연구〉 결과에서도 양육에 적극적으로 참여하는 아빠의 자녀일수록 긍정적이고 문제해결력이 높은 것으로 나타났다.

아이는 엄마 뱃속에서 열 달이라는 시간을 보냈으므로 엄마와 아이는 서로를 한몸으로 생각하기 쉽다. 따라서 아빠는 아이가 이 세상에 태어나서 처음으로 만나는 타인인 셈이다. 그러니 아이에게 타인과 접하는 방법, 즉 사람과의 관계와 사회성을 아빠보다 더 잘 가르칠 수 있는 사람은 없다. 실제로 아빠와의 관계가 좋은 아이는 적극적이고 친구관계가 좋다.

똑똑한 아빠는 몸과 놀이로 아이와 소통할 줄 안다. 언어를 통해 소통하는 엄마와 달리 아빠와 함께하는 놀이와 운동에 대한 경험은 아이의 체력을 증진시킬 뿐 아니라 규범의식도 습득할 수 있게 한다.

아빠와 함께 시간을 많이 보내는 아이는 언어능력과 사회성이 뛰어나다. 그래서 또래와 잘 어울리고 단체생활도 잘한다. 미국 웨스턴 온타리오 대학교의 첸과 리우, 그리고 중국 상하이교육대학교의 리는 상하이에 위치한 두 곳의 중학교에서 학생 258명을 대상으로 2년의 종단연구를 진행했다. 그리고 그 연구결과가 다음과 같이 나타났다.

	아빠	엄마
또래 인기도	따뜻하게 대할수록 증가	
리더십	응석을 안 받아줄수록 증가	
유능감/사교성	응석을 안 받아줄수록 증가	
공격성/파괴성	따뜻하게 대하지 않고 응석을 받아줄수록 증가	
수줍음/민감성		통제할수록 증가
자기 가치감		따뜻하게 대할수록 증가
외로움/불편감		따뜻하게 대하지 않을수록 증가
학업 성적		따뜻하게 대하고 응석을 받아주지 않을수록 증가

아빠는 자녀의 전반적인 대인관계와 리더십, 과제 수행(학업), 그리고 외현적인 행동에 영향을 미쳤고, 엄마는 주로 정서적인 부분과 자존감, 겉으로 드러나지 않는 내현화 행동에 영향을 미쳤다. 아빠와 엄마가 영향을 미치는 부분이 다르기에 아이의 마음이 건강하려면 엄마와 아빠의 고른 사랑과 관심이 필요하다.

가정 내에서 아빠의 역할은 엄마의 역할과는 분명히 다르지만 어쩌면 엄마의 역할보다 더 책임이 크다고 할 수 있다. 아빠가 가정의 중심에서 가장으로서의 역할을 성실하게 감당할 때 가정이 흔들리지 않기 때문이다. 사실 엄마들의 모성애는 본능적으로 아이를 위해 희생하고 헌신하게 하지만 아빠로서의 부성애는 배우고 훈련되어야 하는 부분이 없지 않다.

우리는 아빠 없이도 100까지 성장할 수 있다. 아빠가 집에 와서 잠만 자고 나간다면 아이에게 단지 '난 아빠가 있는 아이야.'라는 사실만 줄 수 있다. 하지만 아빠가 아이와 소통하고 함께하면 아이는 200까지 성장할 수 있다.

큰 사람으로 성장한 사람의 아빠들의 공통점은 사회적으로 지위가 높든 그렇지 않든, 부자이든 아니든 그들의 아이에게 진정 어린 존경을 받았다는 점이다. 아이들은 아빠를 존경했기에 자신들도 아빠와 같은 길을 걸어갔다. 흑인 차별에 맞서 싸운 마틴 루터 킹 주니어, 영국 수상 헨리 처칠, 중국 선교사 에릭 리델, YWAM 대표 로렌 커닝햄 등이 대표적인 예이다. 즉 아이에게 존경을 받았던 아빠들은 예외 없이 아이들을 각 영역에서 비범한 인물로 키워냈다.

한 여론조사기관에서 재미있는 내용을 조사했다. 중산층 이상의 계층에게 "당신의 롤모델은 누구입니까?"라는 질문을 했다. 소위 어느 정도 사회에서 성공했다는 부류들을 대상으로 한 조사였다. 1위가 누구였을까? 빌 게이츠, 스티븐 잡스, 링컨, 세종대왕, 이순신? 그 누구도 아니었다. 1위는 '아버지'였다. 다른 누구의 인정이 아니라 아빠로서 아이에게 존경을 받는다면 이미 성공한 인생임에 틀림없다.

남자, 제2성장기를 통해 아빠가 되다

내가 '아빠'로서 다시 태어나겠다고 마음먹은 것은 친구를 따라 아빠들의 모임에 가면서부터이다. 그리고 아빠 카페에도 가입하고 책도 읽으며 양육에 참여하기 시작했다. 그런데 놀라운 건 아이를 대하는 태도만 달라진 게 아니었다는 것이다.

그 비밀은 '자녀교육서'에 있었다. 양육에 본격적으로 참여하려고 마음은 먹었지만 처음에는 아무래도 막막했다. 그래서 가장 먼저 찾아본 게 책이었다. 나도 전에는 책 한 권 제대로 읽지 않는 사람이었지만 추천받은 육아서를 읽으며 하나씩 배우고 알아가는 재미가 쏠쏠했기 때문이다. 그러한 자녀교육서는 유아심리학, 발달심리학 같은 아동심리학 책이다.

아이는 인간의 어린 시절이다. 즉 아동심리학에 바탕을 둔 자녀교육서는 인간의 근원에 대해 쓰인 책이라고 할 수 있다. 그래서 자녀교육서를 읽으며 나 자신에 대해서도 더 잘 알아가게 되었다. 내 성격 중에는 스스로도 이해할 수 없는 부분이 많았는데, 그러한 부분이 내 어린 시절의 어떤 양육경험에 의해 만들어진 것임을 알게 된 것이다. 이유를 알고 나니 성격을 바꾸는 것도 쉬워졌다. 어린 시절이 미치는 영향력, 인간의 근원에 대해 알고 난 뒤부터 다른 사람을 대하는 태도 역시 무척 너그러워졌다. 이제는 아무리 성격이 이상한 사람을 만나서 불쾌한 일을 당해도 별로 화가 나지 않는다. 속으로 이런 생각이 들며 상대가 이해가 된다.

'너는 어렸을 때 부모님께 사랑을 덜 받았구나. 인정받으려는 욕구가 너무 커.'

'너는 너무 완벽한 부모를 두었구나. 그래서 자존감이 약하고 다른 사람의 실수를 용납하지 않는구나.'

'너는 너무 엄격한 부모를 두었구나. 그래서 네 생각을 솔직하게 말하지 못하고 이중적인 모습을 띠는구나.'

우리는 아이를 이해하면서 나 자신과 주위 사람에 대해 더 많이 알게 되고, 이를 통해 사람들과의 관계에서 인간적으로 성숙한 리더의 품성을 갖추게 된다. 스스로를 더욱 잘 이해하고, 타인에 대해 공감하며 자신의 감정을 잘 조절하고 통합하게 된다.

모든 사람은 세상을 살아가며 성장의 순간을 겪는다. 시련을 계기로 성장하기도 하고 인생의 보편적인 단계인 입학, 졸업, 취업, 결혼 등을 겪으며 변해가기도 한다. 아빠가 된다는 것, 거기서 더 나아가 양육에 적극적으로 참여하는 아빠가 된다는 것은 남자로서 제2의 성장기를 갖는다는 것을 의미한다.

자녀 양육에 참여하는 아빠는 사고로 죽거나 어떤 이유로든 일찍 죽을 확률이 적다고 한다. 법적인 문제에 연루되거나 병원에 입원할 가능성도 적다. 또한 전반적으로 행복해한다. 결혼생활의 안정감과 만족도가 높을 뿐만 아니라 첫 자녀가 태어나고 10년이나 20년 후에도 결혼을 즐기는 경향이 있었고 자신의 원 가족과도 연락을 자주 한다. 여러 아빠들을 만나본 결과 자녀와 떨어져 있는 아빠는 다른 아빠들보다 우울했다. 반면 아이와 함께하는 사람들은 다른 남성에 비해 보다 규칙적으로 생활하며 위험을 추구하는 행동을 덜 하는 경향이 있었다.

'무자식이 상팔자'라는 말이 있다. 고통과 함께 오는 기쁨이라면 사양하고 자신은 그냥 편안하게 살고 싶다는 의미이다. 그러나 인간이란 끊임없이 자극을 추구하는 존재이다. 너무 편하면 가만히 있을 수 없어 할 일을 또 찾아 나선다. 자식을 키우면서도 힘든 일이 있겠지만 너무나 평화로운 삶에서는 또 만족할 수 없다. 아이를 키우면서 아빠는 다양한 자극을 맛보고 제2의 성장기를 맞을 수 있다. 이런저런 실수를 저지르고, 때로 아파하면서 자기 자신을 돌아보는 기회를 계속 만난다. 그런 경험이 쌓이면서 스스로도 놀랄 만큼 성장한 자신을 볼 수 있을 것이다.

일과 가정에서 균형을 잡는 슈퍼 대디의 네 가지 비밀

내가 아빠 모임에 처음 갔을 때는 궁금한 것투성이었다. TV만 켜도 허구한 날 아빠 육아 예능이 방송마다 나오니 나 역시 아빠에 대한 생각이 많이 바뀌고는 있었다. 하지만 도대체 아빠 노릇을 '언제' 시간이 나서 하느냐는 생각이었다. 일단 너무 피곤했다. 양육하는 아빠들은 다들 정말 대단하다고 생각되었고 그들은 타고나기를 나와 다르게 태어난 사람들이라고 생각했다. 하지만 가정에 신경을 쓰면 일에는 무관심하다는 생각, 즉 사회적인 성공과 좋은 아빠는 별개라는 인식이 편견이라는 사실을 점차 알아가게 되었다.

원래부터 좋은 아빠는 없다. 처음에는 다 아무 생각 없는 남자였을 뿐이었고 아빠가 되어가는 과정을 겪기로 마음먹었을 뿐이다. 아빠가 되어가며 거쳐야 하는 중요한 과정 중 하나가 일과 가정의 균형을 잡는 것이다. 나와 많은 아빠들이 했던 일과 가정의 균형을 잡는 방법을 생각해보겠다.

첫째, 일단 '좋은 아빠'가 되겠다고 마음을 먹는 것부터가 시작이다.

좋은 아빠가 되겠다고 마음먹으면 아이에게 아빠로서 본을 보이고 싶다고 생각하게 된다. 아이는 부모의 뒷모습을 보고 배운다고 하지 않는가? 내가 보이는 모습 그대로가 바로 아이가 나에 대해 기억할 모습이고 아이의 미래라고 할 수 있다.

나는 당시 쳇바퀴 돌듯 회사만 겨우 다니고 있었다. 어릴 때, 아니 대학 때만 해도 나는 엄청난 일을 해낼 것이라고 생각했다. 나름대로 열심히 살았고 남들이 인정해주는 대기업에도 들어갔다. 하지만 스스로를 돌아보니 그냥저냥 직장생활을 하고 결혼생활을 겨우 유지하면서 살고 있는 모습이었다. 아이가 아빠를 볼 때 일은 하기 싫어하고 매일 힘들어서 잠만 자는 불만족스러운 모습으로 기억할 것이라는 생각이 들자 정신이 바짝 들었다. 부모가 행복해야 아이도 행복하다. 그러니 아빠의 행복한 모습을 보고 자라야 아이가 행복하지 않겠는가. 나는 '행복'을 선택하기로 결심했고 그 이후로 가정도 직장도 변하기 시작했다. 내가 마주하고 있는 현실보다도 중요한 것은 그 현실을 바라보는 태도다.

둘째, 아이의 세상에 몸을 담그자 진정한 행복이 나를 감쌌다.

아이를 보면서 가족들을 먹여살려야 한다는 책임감과 부담감이 컸다. 아빠로서의 즐거움은 느끼지 못하고 책임감에만 시달려야 했다. 하지만 아이와 함께하면서부터 이전에는 그저 아이를 바라보기만 했기 때문에 부담감만 느꼈다는 사실을 깨달았다. 물론 양육에 참여하면 때로는 피곤하고 짜증이 나기도 하지만 그것보다도 더 큰 순간순간의 기쁨이 찾아온다. 아이의 미소나 작은 행동이 너무 기쁘고 대견해서 사랑스럽기 그지없다.

아이는 조건 없이 부모를 사랑해주고 인정해준다. 성과를 보여야만 인정해주는 어른들의 세상과 다르다. 사회생활에서 오는 불안이 해소되는 건 술도 아니고 노래방도 아니고 바로 아이의 사랑과 인정이다. 아이가 "아빠" 하고 불러줄 때 느껴지는 편안함과 행복감은 그 어떤 것과도 비교할 수가 없다. 아이와 함께하면 살아있음을 느낀다. 내가 지금까지 살면서 제일 잘한 일이 바로 아빠가 된 일이다.

셋째, 아이와 함께하면서 '시간'의 의미가 달라졌다.

좋은 아빠가 되려면 무엇보다 중요한 것이 아이와 함께 시간을 보내는 것이다. 그러려면 최대한 일찍 퇴근해야 한다. 아이와 하루에 단 10분이라도 함께하고 놀아줘야 한다는 생각을 갖고 있는 것과 조금 늦게 퇴근해도 별 상관없다고 생각하고 느슨하게 일하는 것은 효율성에서 다르다. 중간중간 인터넷 서핑도 하고 커피도 마시면서 휴게실에서 시간을 보내던 나는 근무시간에 효율성 있고 집중력 있게 일 처리를 하려고 노력하게 되었다.

한때는 아이들이 놀아달라고 하면 가족들 없이 혼자 살았으면 하는 생각도 들었다. 친구들과 마음 편하게 술도 마시고 총각 때처럼 여유 있게, 늘어지게 잠도 자고 싶고 말이다. 아이들이 없으면 내가 하고 싶은 일도 더 많이 할 수 있을 것 같았다. 그러던 어느 날 아이 엄마가 애들을 데리고 친정집에 갔는데, 막상 혼자 있게 되자 알게 되었다. 아이가 없다고 해서 특별히 내가 보람차게 사는 것도 아니었다. 사람은 시간을 쪼개고 만들면서 살 때 더 부지런해지고 열정적으로 살게 되는 법이다. 늘어지면서 긴장감 없이 시간을 보낼 때보다 바쁠 때 더 시간을 알차게 보내는 경우가 많다. 아이들이 깨어 있을 때는 아이와 함께 재밌게 시간을 보내고 아이가 자거나 여유가 생겼을 때 집중적으로 내가 해야 할 일을 하면 힘들게 갖게 된 내 시간이라 그런지 더 집중적으로 소중하게 사용하게 된다. 그렇게 가족 일에 부지런해지면서 나는 회사일에도 부지런해졌다. '가정과 아빠'라는 자동차를 열심히 굴리면 그 자동차를 굴리는 힘으로 '직장과 일'이라는 자동차도 열심히 굴리게 된다.

사실 직장과 가정의 일을 적절하게 조화시키는 아빠가 일도 열심히 한다. 왜냐하면 그런 아빠들일수록 회사를 소중히 여기기 때문이다. 또 '가화만사성'이라는 말처럼 가정에 근심걱정이 없는 아빠일수록 업무에 더 잘 집중할 수 있으므로 좋은 성과를 내는 것은 너무도 당연하다.

넷째, 육아는 회사일에 도움을 주었다.

회사 관계자들은 아빠를 육아에 참여하게 하는 것이 업무에도 유리하다는 사실을 알아야 한다. 왜냐하면 회사에서는 중요한 것과 중요하지 않은 것을 재빨리 판단하고 일의 우선순위를 정할 수 있어야 하는데, 이는 아이를 키우는 육아와도 밀접한 관련이 있다.

예를 들어 아이가 울면 아빠는 재빨리 원인이 무엇인지 알아내야 한다. 어디가 아픈지, 배가 고픈지, 아니면 피곤한지 상황을 판단해 적절한 조치를 취해야 한다. 따라서 가정을 잘 돌보는 아빠는 한꺼번에 여러 가지 일을 해낼 수 있는 멀티플레이어가 된다. 이는 아이들과 시간을 많이 보내다 보면 여러 가지 일을 동시에 하는 데 익숙해지기 때문이다. 또한 아내와 서로 배려하며 아이를 기르다 보면 다른 사람의 감정을 헤아릴 줄 아는 것의 중요성을 깨닫게 되고, 업무적으로도 보다 사려 깊은 태도를 취하게 된다.

나는 양육하는 아빠들을 만났을 때 그들을 움직이는 원동력이 궁금했다. 남들보다 더 적극적으로 아빠 노릇을 하면 육체적으로도 더 피곤할 테고 직장에서도 아무래도 더 빨리 퇴근하려고 노력하기 때문에 갈등이 생길 텐데, 무엇이 그들을 양육에 참여하게 하는 것일까?

그들은 하나같이 "네. 더 힘듭니다. 피곤한데도 참고 아이와 놀아야 하고 회식도 종종 빠져야 해서 눈치가 보일 때도 있습니다."라고 대답했다. 나는 속으로 '역시 그렇지!'를 외쳤다. 하지만 반전이 있었다.

"그런데 훨씬 행복합니다. 퇴근할 때 아이들이 '아빠' 하면서 안길 때 모든 스트레스가 녹는 기분이 듭니다."

아빠가 양육에 참여할 때 일반적으로 스트레스, 가족과 직장 사이의 갈등 증가, 자존감의 하락 같은 단기적인 어려움이 생긴다. 하지만 이런 것들이 '아빠 됨'에 대한 만족도를 감소시키지는 못한다. 오히려 장기적으로 아빠의 양육 참여는 직업과 직장에서의 성공, 사회에 대한 꾸준한 관심에 긍정적인 영향을 미친다. 실제로 아이들과의 정서적 교류는 아빠가 직장에서 받는 스트레스에 대해 완충장치 역할을 해서 일의 효율을 높인다.

가정이 있기에 성공하고 싶고 밖에서도 일을 할 수 있는 것이기에 아빠, 남편, 직장인으로서 남자의 삼중고를 극복하는 방법은 '좋은 아빠'가 되는 것이다. 좋은 아빠는 일도 잘하는 '슈퍼 대디'가 된다.

아내와의 대화를 시작하는 마인드 리딩

나는 아내와 연애를 오래 한 편이라 서로 편하기도 하고 대화도 다른 부부들보다는 많이 하는 편이라고 생각했다. 그런데 아내와 수없이 싸우면서 깨달았던 것이 있다. 많은 부부들이 대화와 회화의 차이를 모른다는 것이다. 그냥 생존을 위해 말하는 것들, 일상생활에 대해 말하는 수박 겉핥기 식의 이야기만을 하면서 대화를 한다고 생각했던 것이다. 주중에는 직장 다니고 애들 챙기느라 바쁘고, 주말에는 지친 몸을 달래며 애들을 데리고 체험학습을 다니고, 양가 집안까지 챙기느라 바쁘다. 그러다가 쌓인 감정이 폭발하면 결국 애들 문제로 싸우고, 돈 문제로 싸우고, 양가 집안 문제로 싸운다. 평소에 진지한 대화를 해왔다면 그런 문제가 생기기 전에 해결될 수 있을 텐데, 대부분의 부부가 대화의 질은 생각하지 않고 자신들이 대화를 하고 있다고 착각하는 것이다.

부부들의 대화 상태를 점검해보면 여자들은 '밥은 먹었냐, 일찍 들어와라, 술 조금만 마셔라', 이런 잔소리를 하는 것이 대화인 줄 안다. 남자들은 회사에서 있었던 일을 그것도 '가끔' 이야기한다거나 TV를 보면서 연예인 이야기를 하면서, 진지한 이야기는 머리 아프다고 회피하려고만 한다. 이러한 이야기는 '대화'가 아니라 '회화'다.

연애는 '현재'를 공유하는 것이다. 지금 이 순간 서로가 너무 사랑스럽고 좋다. 별 것 아닌 일을 같이 해도 행복하고 설렌다. 그러다 좀 더 사이가 진전되면 서로의 '과거'를 공유한다. 어린 시절 이야기도 하고, 서로를 만나기 전의 이야기도 나눈다. 그리고 결혼을 생각하면서 공유할 수 있는 것은 '미래'라는 시간이다. 서로 다른 시간과 공간 속에서 살다가 이제는 현재의 시간과 공간뿐만 아니라 미래까지도 공유한다. 이것이 바로 결혼한 부부의 특권이다. 그러나 특권이라고 하기에는 책임과 불편도 많이 따른다.

사실 나 역시 아내와 무척 결혼하고 싶었던 때를 생각하면 정말 행복했다. 그때는 그 순간을 즐기고 현재만 공유했기에 더 그랬을 것이다. 그런데 결혼을 하면서 주변의 모든 관계와 미래까지 공유하게 되다 보니 문제가 생긴다. 평생 같이 있고 싶어서 결혼했는데, 평생 같이 있기 때문에 문제가 생기는 모순이 생겼다.

그처럼 부부의 문제, 주변 관계에 대한 문제 등 다양한 문제에 직면했을 때 가장 쉬운 해결 방법이 '대화'다. 남편은 굳이 아내와 대화를 나누지 않아도 자신의 문제를 해결할 수 있는 경우가 많다. 그런데 아내는 다르다. 가정의 문제를 남편과 대화하며 같이 해결하고 싶어 한다.

최근에는 나이 들어서 갑자기 아내가 황혼 이혼을 하자고 하는 경우가 무척 많다고 한다. 남편들은 돈은 벌어다 줄 대로 벌어다 주고는 뒤늦게 버림받았다고 생각하는데, 과연 그들 생각대로 갑자기 이혼을 하게 된 것이 맞는 걸까? 이런 경우는 갑자기 이혼하게 된 게 아니라 부부들이 사는 데

치여서 문제가 생겼을 때 그때그때 풀지 못하고 넘어가서, 수많은 문제들이 축적되어 있다가 결국 곪아서 폭발한 것이다.

우리나라의 경우 남자들은 은퇴를 하면 대부분 집에서 텔레비전이나 신문을 보며 지낸다. 심심하다 보니 아내가 밖에 나가기라도 하면 '어디 가느냐', '언제 오느냐' 꼬치꼬치 캐물으며 아내를 귀찮게 하면서도 은퇴 전과 마찬가지로 집안일은 하나도 돕지 않고, 오히려 잔소리만 늘어놓는다. 그동안 집안일을 해본 적이 없으니 서툴어서, 설사 도와주고 싶어도 도와주지 못한다. 그러면 아내들은 스트레스를 받고 그동안 살면서 쌓인 불만이 한꺼번에 폭발하게 된다.

이런 일들이 계속되면 서로 아옹다옹하다 결국 '황혼 이혼'으로 이어지는 경우가 적지 않다. 왜 나이 들어서 굳이 이혼을 하나 싶다가도 오죽하면 그렇게 오랜 세월을 함께하고 같이 나이 들어가는 과정에서 이혼을 한다는 말이 나올까 하는 생각이 든다. 황혼 이혼은 정년이라는 생활상의 변화를 계기로 누적됐던 아내의 불만이 표면화되면서 발생하는 결과라고 볼 수 있다. 가장이 회사에 다닐 때는 부부가 오랫동안 얼굴을 맞대는 시간이 별로 없다. 그런데 은퇴 후에 줄곧 얼굴을 맞대고 생활하다 보니 자연히 티격태격 말싸움을 벌이는 일이 자주 벌어진다. 제대로 대화해본 적 없는 부부들은 이러한 갈등을 견뎌내지 못한다.

나이 들어서 이혼하는 것은 젊은 시절의 이혼과는 차원이 다르다. 나이가 들수록 사람에게는 배우자와 가족이 소중해진다. 젊은 시절에는 이혼을 해도 새로운 사랑을 만나 새로운 배우자와 가족을 이룰 수도 있지만 황혼 이혼의 경우 그런 일이 쉽지만은 않다. '뿌린 대로 거둔다.'라는 말이 있듯이 젊어서 아내들보다 자유로운 생활을 즐기며 가부장적인 태도로 가족들에게 군림한 남자들에게 황혼 이혼은 더욱 불리할 수밖에 없다.

수년 전 일본 에히메대학 연구팀이 부부 간의 수명에 관한 재미있는 연구결과를 발표한 적이 있다. 일본의 한 농촌에 거주하는 60세에서 84세까지의 노인들을 4년 반 동안 조사한 결과, 남성은 부인이 있을 때보다 부인이 없을 때 사망할 확률이 80%나 더 높았다. 반면 여성은 남편이 있는 경우의 사망률이 없는 경우의 사망률보다 더 높은 것으로 나타났다. 한마디로 남자는 아내가 있어야 오래 살고, 여자는 남편이 없어야 오래 산다는 결론이다. 참 아이러니하지 않은가? 남자들에게는 아내의 보살핌이 장수의 요인이 되는 반면, 부인은 남편 때문에 스트레스가 심해 그만큼 수명이 단축된다는 것이다.

부부 문제가 곪지 않기 위해 중요한 것은 부부 싸움의 횟수가 아니라 부부 사이에 얼마나 진지하고 심도 깊은 대화를 하느냐이다. 우리는 다른 사람들의 마음을 자신이 잘 읽고 있다고 과대평가하는 경향이 많다. 마인드 리딩(mind reading), 즉 마음을 읽는 것이란 다른 사람의 행동을 이해하고 마음의 상태를 추리해서 자신의 행동을 결정하는 것을 말한다. 심리학자들은 우리가 타인의 마음을 20% 정도만 정확하게 읽는다고 말한다. 그렇다면 친구나 부부의 경우는 몇 % 정도 마음을 읽을까? 나는 부부면 다른 사람보다 함께하는 시간이 많으므로 적어도 55%는 되지 않을까 하고 생각했다. 하지만 결과는 단 35%에 불과했다. 그렇다면 마음 읽기의 정확성에서 남자와 여자 중 누가 더 정확할까? 많은 사람들이 섬세한 여자가 더 정확하지 않을까 생각하지만 남녀의 차이는 없었다. 남자가 둔해서 아내 마음을 몰라준다는 것은 어쩌면 핑계라는 것이다.

마음 읽기의 정확성은 결혼 첫 해 이후로 감소한다고 한다. 연애할 때는 서로의 현재에 관심이 많아서 모든 촉이 상대에게 향해 있다. 반면 결혼하고 나서는 긴장이 풀리고 관심의 범위가 넓어지면서 서로에 대해 이해 정도가 떨어진다.

그렇기 때문에 싸운다. 부부가 자녀 양육에 대한 가치관, 서운하고 상처받았던 일들, 그때의 느낌, 서로 원하는 것, 서로의 미래에 대한 꿈과 계획 같은 것들을 이야기하며 질 높은 대화를 나눠야 한다. 그래야 서로의 마음을 알 수 있고 갈등이 일어나도 슬기롭게 풀어가며 살 수 있다. 물론 대화를 할 때에는 마음을 열고 시작해야 대화가 싸움으로 가지 않는다는 사실도 중요하다. 아이를 키우면서 어떻게 키워야 하는가에 대해 아내가 수도 없이 대화하기를 요청해왔지만 무관심으로 일관하지는 않았는가, 아이가 조금만 더 클 때까지 버티자는 생각으로 살고 있었던 것은 아닌가 한 번쯤 돌아보자. 가족이라고 해서 말하지 않아도 알 것이고 이해해줄 것이라는 기대는 고이고이 접어 종이비행기로 날리자.

그렇게 젊을 때부터 가족들과 시간을 함께 보내면서 대화를 하다 보면 나이 들어서 폭발하는 게 아니라 말하지 않아도 서로의 마음을 알 수 있는 경지에 올라, 함께한 세월들이 오히려 고마워질 것이다.

사랑은 노력하는 것이고 신뢰는 키워가는 것이다. 우리는 서로 너무 다르기 때문에, 지금부터라도 대화를 통한 마인드 리딩을 시작하자.

행복한 부부의 두 가지 비결 ; 가사 분담과 시월드

아이가 태어나고 나서 많은 아빠들이 갖게 된 느낌이 무엇일까? 물론 내 아이라 예쁘다는 마음도 있지만 아내가 아이에게만 관심을 쏟고 남편은 나 몰라라 해서 서운한 마음이 들게 되는 것도 사실이다. 나 같은 경우에도 아내가 '민성이 먹을 거니까 손대지 말라'고 했던 말이 어찌나 서운하던지. 하지만 남편들이 알아야 하는 중요한 사실이 있다. 서운한 마음이 크게 든다는 것은 내가 아내와 육아에 대해 신경을 많이 쓰지 않았다는 것을 의미한다.

아이가 태어나면 모든 가족들의 관계가 재편성된다. 그 과정에서 아빠가 육아에 참여하면 아이를 키우기 위한 힘이 아빠와 엄마에게 골고루 분배된다. 아내는 아이만 바라볼 필요가 없고 남편도 바라볼 여유가 생긴다. 아내가 느끼는 육체적인 피곤함은 줄어들고 더불어 남편에게 내는 짜증의 양도 줄어든다. 엄마가 아빠에게 불만을 토로하고 짜증을 내는 모습을 자주 보면 아이는 '아빠는 엄마를 힘들게 하는 사람이야'라고 생각하게 되면서 아빠를 미워하는 마음까지 갖게 된다. 남편이 자신의 마음을 몰라준 다고 생각하는 아내 역시 외롭기 때문에 점점 아이에게만 의지하고 기대 게 된다. 반면 남편은 아이가 태어나니 아내가 달라졌고 혼자 소외된다는 생각을 하게 된다.

가정이 행복해지려면 엄마가 먼저 행복해져야 한다. 가정을 유지하는 일은 시간이 많이 걸리고, 힘들며 끝이 없는 일이다. 이런 일을 계속하면서 행복을 느끼기란 어렵다. 이런 엄마를 구해줄 사람은 아빠밖에 없다. 엄마 도 한 사람의 인간이다. 엄마에게도 가정은 편히 쉴 수 있는 곳이 되어야 한다. 아빠가 도와주지 않으면 엄마는 가정에서 편하게 쉬는 시간을 갖지 못한다.

게다가 부부 싸움을 많이 하면 아이들의 정서에 좋지 않다. 오죽하면 부부가 많이 싸우는 것보다 헤어지는 게 아이들의 정서에 더 낫다는 연구 결과까지 있을까. 부모가 싸울 때 아이들이 느끼는 불안과 긴장은 전쟁 때 와 같다고 한다. 아이들에게 있어서 부모의 싸움은 자신들의 생존과 직결 되는 문제이기 때문이다. 그러니 좋은 아빠가 되려면 먼저 좋은 남편이 되 어야 한다. 가정의 행복을 지키고 아이를 바르게 키우는 가장 확실한 길은 아내와 잘 지내는 것이다. 부모가 한 팀이 되어 아이를 키우는 구조가 가 장 이상적이다.

아내와 좋은 사이를 유지하여 부부가 한 팀이 되는 방법 중 가장 중요 한 두 가지는 다음과 같다.

❶ 아내와 잘 지내는 첫 번째 방법 : 가사 분담

가사와 육아는 정말 힘들다. 그런데 대부분의 아빠들은 살림과 육아는 내 일이 아니라고 생각하는 경향이 크다. 여성가족부가 2010년에 조사한 가족 실태조사 결과가 있다. 만 12세 이하의 자녀가 있는 경우 자녀와 함께 놀아주는 것을 '대체로 아내가 하거나 주로 아내가 한다'라는 응답은 몇 %이고 '남편이 대체로 하거나 주로 한다'는 몇 % 정도였을까?

요즘에는 그래도 남편들이 가사에 많이 참여하고 있으니 7:3이나 6:4 정도의 비율은 되지 않을까? 결과를 보면 '대체로 아내가 한다'가 34.2%, '주로 아내가 한다'가 28.5%, 즉 두 수치를 합해서 아내가 많이 하는 정도를 계산하면 62.7%이고 반대로 남편이 주로 하거나 대체로 한다는 비율은 5.1%에 불과했다(약 12:1의 비율이다). 아내들이 12배 더 가사 일을 많이 한다는 것이다. 그렇다면 맞벌이 부부는 어떨까? 나는 맞벌이 부부는 그래도 남편들이 더 많이 할 것이라는 생각으로 조사 결과를 보았다. 하지만 이 경우에도 아내가 하는 비율이 49.2%, 남편이 하는 비율은 9.6%이었다. 아직까지도 가사와 육아는 상당 부분 아내의 몫이 되어 있다.

가사와 육아를 분담하기란 마음만큼 쉽지 않다. 남편은 집안일을 도와주려 하다가도 잘 못한다고 오히려 아내한테 혼나는 기분이 들어서 모른 체할 때도 많다. 그리고 자기가 보기에는 깨끗한 것 같은데도 아내는 지저분하다면서 청소를 다시 하기도 한다. 맞다. 남자가 집안일을 하려고 하면 서투른 경우가 많다. 여자들은 남자들보다 청소도 섬세하게 하는 경우가 많다. 물론 드물게는 반대인 부부도 있겠지만 말이다. 나는 아내와 약속을 했다. "내가 집안일을 많이 해보려고 하겠다. 당신에게 좀 모자라게 느껴질지라도 격려해주면 더 열심히 하겠다."라고 말이다.

여자들은 '마음'을 정말 중요하게 생각한다. 집안 살림도 마찬가지다. 남편이 열심히 하는 모습을 보이고, 아이들 육아에도 관심 있는 모습을 보이면 그 정성이 갸륵해서 아내들도 남편에게 더 잘해주고 싶어진다. 집안일과 육아를 적극적으로 하면서 아빠 노릇, 남편 노릇을 한 결과는 가정의 평온함과 내 마음의 편안함으로 돌아온다. 가정은 가족이 함께 노력해야 균형과 안정, 행복이 유지가 된다.

❷ 아내와 잘 지내는 두 번째 방법 : 완벽한 아내 편 되기

회사에서 여직원이 불평을 토로하는 말을 들은 적이 있다.

"시부모님께서 30년 넘게 먹이고 재우고 했던 건 남편이지 제가 아니잖아요. 그런데 왜 저한테 효도를 하라고 하는 거예요? 시어머니는 전화 자주 안 한다고 뭐라고 하시는데, 남편은 장모님한테 어색한데도 살뜰한 척하면서 전화하고 주말에 찾아뵙고 외식하고 그러나요? 왜 자기는 하지도 않으면서 저보고는 하라고 하는 건지. 명절에도 왜 저는 남의 집에 와서 이 고생을 하고 있나 서글픈 적이 한두 번이 아니에요. 남자들은 꼭 그래요. 자기는 도대체 처갓집에 얼마나 잘하는데? 명절에 가면 사위라고 대접만 받지 뭐 일이라도 하나? 일은 바라지도 않아. 처갓집 행사는 챙기지도 않고 기억에도 없죠. 남자들은 시어머니도 가족인데 왜 어렵게 생각하느냐, 어머니도 나이 드셨는데 적적하시니까 전화 좀 자주 하면 안 되냐, 나이 드신 분한테 좀 져드리지 그러느냐, 얼마나 사신다고 젊은 우리가 참아야 되지 않느냐고 그러면서 저만 못된 며느리 만드는데, 그럼 자기는요? 왜 시어머님은 집안 행사며 제사며 명절은 며느리들한테 하라고 하면서 본인 아들이랑 손주들만 생각하느냐고요."

대부분의 며느리들의 심정을 대표하는 말이 아닐까 생각한다. 나도 결혼하고 명절이나 제사 때 아내가 힘들어하는 걸 보면 마음이 편치만은 않았다. 사실 일부러 모른 척하기도 했다. 아내가 조금만 참고 넘어가면 될 것을 괜히 힘들게 만드는 것 같다는 생각도 했다. 솔직히 아내가 웬만하면 참을 수도 있는데 나이 드시고 힘없는 어머니한테 뭐가 그렇게 불만인가 화가 날 때도 많았다. 과연 이럴 때 남자는 어떻게 대처해야 한단 말인가.

법륜 스님은 이렇게 말씀하셨다. "남편이 입장을 분명히 해야 한다. 엄마의 아들로서의 역할과 한 가정의 남편으로서의 역할을 둘 다 수행하려는 '이중 멤버십'을 고집하는 게 문제다. 위치를 분명히 해야 아내가 불안해하지 않는다. 과감하게 하나를 정리하는 것도 방법이다."

과감하게 하나를 정리하라고 해서 어머니와 관계를 끊으라는 게 아니다. 아내와 있을 때는 아내 말을 진심으로 들어주고 공감해준다. 중재자 역할을 하면서 누가 잘못했는지 잘잘못을 가리는 것보다는 아내 편을 들어주는 게 훨씬 쉬운 일이다. 우리 남편들은 어머니 입장을 대변해서 어머니의 오해를 풀어주고 이해시킨다고 하는데, 그것 자체가 어머니 편이 되어버리는 것이다. '어머니의 신경질적인 말에 당신이 힘들겠다. 그래도 나는 당신밖에 없는 거 알지?' 이렇게 한 마디만 해주면 된다. 피는 물보다 진하다는데, 그 말은 다시 말하면 어머니와의 관계는 절대 끊어지지 않는다는 것이다. 하지만 아내와는 사이가 틀어지면 남이 될 수 있다. 아내에게 특별히 문제가 없는데 고부갈등이 생기고, 그런데도 남편은 모르쇠로 일관하거나 어머니 입장을 들면서 불협화음이 계속 이어지면 부부관계가 원만할 수 없다. 이혼하면 그게 더 불효지, 지금 아내를 괴롭혀서 전화 몇 번 더 하게 하고 명절 때 처가에 늦게 가는 게 효도는 아니지 않는가.

고부갈등 상황에서 남편이 아내의 편을 들어주면 자신의 입장에서 남편에게 이해받은 아내는 갈등을 끌고 가거나 마음에 깊은 상처를 남기지 않는다. 사람은 자기 상황에 대해서 인정을 받으면 자기연민에서 빠져나와 객관적으로 상황을 볼 수 있게 된다. 남편의 위로와 이해를 받으면 아내는 관대해져서 고부갈등도 개선될 수 있다. 처갓집에도 남편이 조금만 신경을 쓰면 아내가 배로 더 잘하게 된다.

제 2 장
좋은 아빠가 되는 25가지 미션

사람이 바뀌는 것은 어렵다. 하지만 바꾸고자 마음먹고 행동하기 시작하면 바뀐다. 딱 100일만 머릿속에 '아빠'라는 화두를 만들어 실천해보자. 100일이 지나면 자연스럽게 좋은 아빠로 거듭나 있을 것이다. 먼저 100일을 겪은 아빠로서 어떠한 화두를 만들어야 할 것인가를 미션으로 제시한다. 25가지의 미션 속에는 아빠로서 정리해야 하는 가치관과 생각이 담겨 있다. 먼저 좋은 아빠의 길을 걷고 있는 사람들의 생생한 이야기도 있고, 아이와 함께 직접 해볼 수 있는 활동도 있다. 100일 후 나와 내 가정에는 어떠한 변화가 기다리고 있을지 궁금하지 않는가. 100일, 25개의 미션 프로젝트를 함께 해보자.

좋은 아빠의 베이스캠프, 프레임을 세워라!

아이를 보고 있노라면 정말 내 아들이구나, 딸이구나 하는 생각이 든다. 내 자식이라 그런지 나를 쏙 빼닮았다. 한편 내가 하는 행동이나 말을 따라하고 있는 아이의 모습을 보면 보고 배우는 게 무섭구나 하는 생각도 든다. 그렇다면 아이의 성장은 유전에 의한 영향이 큰 것일까, 환경에 의한 영향이 큰 것일까? 아이의 뇌 크기는 유전에 의하여 결정되지만, 뉴런의 수나 뉴런을 연결하는 시냅스망은 부모의 양육방법에 의해서 달라진다. 즉 적절한 자극을 주고 적절한 교육을 시킨 아이의 뇌는 그러한 자극이 없거나 교육을 받지 않은 아이의 뇌와 확실히 다르다.

아이는 말랑말랑한 찰흙이다. 찰흙 작품 안에는 철사로 만들어진 뼈대가 있다. 그 뼈대는 유전적인 기질이다. 뼈대 위에 덧붙여지는 찰흙은 환경적인 요인으로서 아이가 커가면서 겪는 경험과 생각에 의해 만들어지는 것이다. 유전적인 부분은 바꿀 수 없지만 덧붙여지는 찰흙은 달라질 수 있다. 아이가 크면 찰흙이 굳게 되므로 어린 시절의 경험은 특히나 중요하다. '생물학적 아버지'로서 유전자를 물려주었다면 '사회학적 아버지'로서 환경을 만들어주는 것은 또 다른 아빠의 역할이다.

아빠가 부성을 발휘하여 환경을 만들어주기 위해서는 우선 아이와 정서적인 교감과 유대감을 쌓아야 한다. 아이에게 하는 아빠의 꾸중이나 잔소리가 효과가 있으려면 평소에 아이를 사랑하고 많은 관심을 보여야 한다. 유대감이 없는 아빠가 "실망했다, 잘 해야 하지 않겠느냐?"고 말해봐야 "그래서 뭐?"라는 반발만 살 뿐이다. 소통하고 교감할 줄 아는 따뜻한 아빠를 둔 아이들은 아빠를 관찰하면서 그 행동을 모방하고, 긍정적 성격 특성을 발달시킨다. 따뜻함을 위해서 필요한 것은 '함께하기'와 '대화하기'이다. 하지만 아이와 함께할 때는 무작정 함께하는 것이 아니라 '신념'과 '철학', '가치관'을 가지고 해야 한다. 그 신념과 철학, 가치관을 여기서 '프레임'이라고 명명해보겠다.

프레임은 '어떤 상황을 바라보는 관점'을 말한다. 어떤 상황이든 프레임을 어떻게 정하느냐에 따라 상황이 다르게 보인다. 다이어트 중이거나 음식을 못 먹는 상황에서는 이상하게 식당이 더 많아 보이고, 맛있는 음식도 더 많아 보이는 것과 같다. '음식 프레임'으로 세상을 바라보니 더 많은 음식이 눈에 보이는 것이다. 같은 상황을 두고 의사가 '이 수술의 성공 확률은 80%입니다.'라고 말할 때와 '실패 확률이 20%입니다.'라고 말할 때, 환자는 어떤 수술을 하고 싶을까? 당연히 성공 확률을 말했을 때 수술을 하겠다고 하는 사람이 많을 것이다. 성공 프레임과 실패 프레임, 이 중 어떤 프레임으로 바라보는가에 따라 결과가 달라진다.

이렇듯 직장생활, 결혼, 인생 등 모든 일에는 프레임이 있다. 그리고 그 프레임은 사람마다 다르기 때문에 우위를 논할 수 없는 상대적인 것이다.

아이를 키우는 데에도 프레임이 필요하다. '양육 프레임'이란 어떤 아이로 키우고 싶은지, 아이가 어떤 인생을 살았으면 좋겠는지에 대한 틀, 즉 아이의 양육에 대한 장기적 목표를 말한다.

아이가 어떻게 컸으면 좋겠는지, 아이가 커서 아버지를 기억할 때 어떤 아버지로 기억되기를 바라는지, 아버지로서 어떤 가치를 아이에게 물려주고 싶은지를 생각해보자. 다음과 같은 질문에 답하다 보면 양육 프로젝트의 목표와 방향이 정해진다. 물론 프레임을 갖고 있다고 해서 전부 그대로 되는 것은 아니지만 이상적인 방향을 갖고 있으면 아이가 처해 있는 상황이 달리 보인다.

- 아이는 나에게 어떤 존재인가?
- 우리 아이는 어떤 아이인가?
- 좋은 부모란 무엇이라고 생각하는가?
- 아이가 커서 나를 어떻게 기억해주기를 바라는가?
- 나는 아이가 어떤 아이로 크기를 기대하는가?

나의 경우 아이는 내가 바로 설 수 있게 해주는 원동력과 같은 존재다. 건강하고 행복한 아이로 커갔으면 좋겠고, 나를 기억할 때 '아, 우리 부모님은 참 좋으신 분이야.' 하고 생각했으면 좋겠다. 존경받는 아버지, 올바른 길을 제시해주는 아버지가 되고 싶다. 아이가 활기차고 긍정적인 사람, 사람의 중요성을 아는 인간미 있는 아이로 컸으면 좋겠다.

모든 아빠에게는 아빠로서 존경받고 인정받고 싶은 마음이 있다. 아빠라는 프로젝트에 최선을 다하고 나면 다른 일과 마찬가지로 성취감을 느낀다. 아빠로서의 존경과 권위는 자발적인 희생에서 나온다. 그러나 희생이 아무리 크더라도 그 보상이 훨씬 더 크다. 아빠가 된다는 것에는 책임과 의무가 많이 뒤따르지만 그보다 훨씬 더 큰 기쁨이 있다.

아빠 육아에 정답은 없다. 자신의 스타일대로, 자신의 믿음대로 프레임을 만들며 참여해보자. 아이는 아빠의 진심을 오롯이 느끼며 커갈 테니까.

> **아빠 수업 톡! Talk?** 나만의 아빠 프레임 만들기

'권위적인' 아빠에서 '권위 있는' 아빠로 탈바꿈하라!

우리가 종종 착각하는 것이 있다. '권위적인' 아빠와 '권위 있는' 아빠가 바로 그것이다. 권위적인 아빠는 아이에게 자신의 규칙을 일방적으로 강요하고 너무 엄격하고 보수적인 모습을 보이는 아빠다. 무조건 명령조나 큰 소리로 말하고 아이의 말을 잘 들어주지 않으며 자신의 생각대로 아이가 움직여야 한다고 생각한다. 이렇게 권위적인 아빠 아래에서 자란 아이들은 쉽게 주눅이 들고 자존감이 약하며 정말 어려운 일이 생길 때 아빠와 대화할 수 없다. 올바른 남자상, 아빠상을 배우지 못하니 좋은 롤모델을 가지지 못한다.

하지만 아빠가 무조건 친구 같기만 하면 아이들의 버릇이 없어질 뿐더러 규칙과 규약을 제대로 배우지 못하므로 이 역시 옳지 않다. 아빠와 아이는 친구처럼 지낼 수 있지만 엄연히 친구와는 달라야 한다. 친구처럼 격의 없는 육아 스타일을 가진 아빠 밑에서 자란 아이들은 개성이 강하고 자신감이 넘친다. 그러나 아빠에 대한 경계나 권위가 무너지면 아이가 버릇

없어질 수도 있다. 아빠가 너무 친구 같기만 할 경우에는 아빠가 하지 말아야 할 일을 제지하더라도 아이가 그것을 장난으로 오인하는 상황이 생길 수 있다. 훈육이 필요할 때는 훈육을 해야 하고 조언을 해줄 때는 조언을 해줘야 한다. 그래야 아이의 개성과 자유를 존중해주면서도 연령에 걸맞는 책임감까지 길러줄 수 있다. 그럴 때 덤으로 생기는 게 올바른 권위다. '권위적인 아빠'가 아니라 '권위 있는 아빠'가 되는 것이다.

권위 있는 부모는 한마디로 '아이에게 할 수 있는 일과 해서는 안 되는 일에 대해 적절한 한계를 설정하고 그 안에서 자유로운 선택권을 주는 부모'다. 부모의 생각 그대로 아이가 행동해야 한다고 생각하는 것은 권위적인 부모이다. 하지만 적절한 한계를 설정해주지 않는 것은 자유를 준다고 착각하며 아이를 방치하는 행동이다. 행동하는 데 있어 규칙과 규율을 배우지 못하면 아이는 친구관계에서 문제가 생긴다. 따라서 허용해야 하는 행동과 금지해야 하는 행동의 한계를 부모로서의 소신과 줏대에 맞춰 설정하여 울타리를 만들어야 한다. 울타리가 너무 좁으면 아이들은 답답해하고 울타리가 없으면 불안해한다. 울타리 안에서 뛰어놀고 있다는 생각이 들지 않을 만큼의 안정감이 느껴지는 울타리를 만들고, 아이가 익혀야 할 규칙을 알려준다. 부모가 설정해놓은 울타리 이외의 것은 자유로운 선택권을 주어 실패와 경험을 통해 배울 수 있는 기회를 주어야 한다. 그렇다면 이제 권위 있는 아빠가 되는 실질적인 방법 몇 가지를 살펴보자.

첫째, 큰 소리로 명령하면 반감만 들 뿐이다. '나-메세지' 화법을 사용한다.

"노래해봐라, 춤 춰봐라, 글씨 써봐라."와 같은 명령조가 아니라 나의 감정과 나의 상태를 아이에게 말하자. 아이에게 춤을 추어보라고 할 때는 "새로운 춤을 배웠다며? 얼마나 잘 추는지 보고 싶네. 아빠가 볼 기회를 주지 않겠니?"와 같이 아빠 자신이 보고 싶다고 말을 한다. 아이가 컴퓨터 게임을 너무 많이 할 때에는 "우리 영훈이가 컴퓨터 게임만 하고 있으니 아빠가 속상하네."라고 말하면 아이는 컴퓨터 게임을 멈출 것이다.

둘째, 반드시 이유를 설명해준다.

아이가 장난감을 사달라고 조를 때 그 장난감이 과한 것으로 판단되어도 아이에게 무조건 "안 돼."라고 금지하면 아이는 반발심을 갖기 마련이다. 충분하게 이유를 설명해준다.

셋째, 해결책을 제시해준다.

아이들은 모르는 것이 너무 많다. 유년기는 세상에서 필요한 규범들을 익혀가는 과정이다. 하지만 아이가 잘못한 행동을 혼내놓고 정작 어떻게 행동해야 하는지 해결책을 제시해주지 않는 부모가 있다. 아이가 그릇에 담긴 음식을 쏟았다고 가정해보자. 감정적으로 혼을 내는 게 아니라 쏟은 음식을 깨끗이 치우고 그릇을 깨끗이 닦음으로써 그 행동에 대한 해결책을 알려주고 책임지게 해서 앞으로 더욱 조심하도록 한다.

넷째, 사랑 표현을 한다.

엄마들 중에도 사랑 표현이 익숙하지 않은 사람들이 많은데 아빠들은 특히나 더 그렇다. 자신의 아버지로부터 사랑 표현을 직접 들어본 기억이 없어서 어색해하는 것이기도 하고, 그런 표현을 하지 않는 것이 자신의 권위를 지키는 방법이라고 생각하는 경우도 있다. 그러나 사랑을 표현하지 않으면 아이들은 자신이 사랑받고 있다고 느끼기 힘들다. 연애할 때 여자들이 왜 기념일을 챙기고 선물을 받고 싶어 하고, 끊임없이 "자기야, 나 사랑해?" 하고 물어볼까? 확인받고 싶고 사랑받고 싶은 것이다. 아이도 마찬가지다. 만약 사랑받고 있다고 느끼지 못한다면 아이는 아빠가 혼을 냈을 때 반항심만 생긴다.

특히 권위적인 아빠는 아들을 더 무섭게 혼내고 엄하게 대해야 한다고 생각하는 경향이 있다. 그러나 무작정 무섭게 혼만 낸다고 아이가 올바르게 크는 것은 아니다. 사랑 표현을 함으로써 아빠와 아이 사이에 신뢰를 구축하고 그 신뢰를 바탕으로 훈육해야 진정한 권위가 생기고 효과가 있다.

아이를 충분히 사랑해주고 칭찬해주면 아이의 자존감은 튼튼해진다. 자존감이 높은 아이는 친구관계가 원만하고 성격이 밝고 긍정적이다. 사랑한다는 말도 하고 문자도 보내고 때때로 맛있는 것을 사서 집에 가기도 하면서 적극적으로 표현하자. 아빠마다 성격의 차이가 있으므로 무뚝뚝하면서도 은근하게 챙겨주는 사람도 있겠지만, 아이들은 보다 직접 표현해주어야 알 수 있다. 표현을 주저하지 말자.

다섯째, 권위 있는 부모는 잘할 때까지 기다려주며 부모의 성숙과 발전을 보여준다.

이런 부모는 무조건 잘하라고 채근하는 것이 아니라 조금은 느긋하게 바라볼 줄 안다. 대신 부모 자신의 모습을 가다듬고 아이 앞에서 더 좋은 모습을 보여주기 위해 자신도 더 열심히 산다. 내가 사랑하는 사람들로부터 인정받는다는 것은 참 기분 좋은 일이다. 아빠의 '권위'라는 것은 아빠로서 열심히 살고 최선을 다해 아이와 함께 했을 때, 그 모습을 본 아이들이 나도 아빠같이 되고 싶다고 느끼면 자연스럽게 주어지는 상이다. 내가 잘하고 있으면 자연스럽게 아이들도 성숙해가고 발전해간다.

아이를 키울 때 가장 중요한 것은 일관성이다. 아이에게 필요한 원칙하에 단호할 때는 단호하지만 한결같이 사랑해줄 수 있는 일관성을 가져야 한다. 부모가 우울하고 힘들면 아이 앞에서 감정을 터뜨리고 별것 아닌 일로 호통을 치게 된다. 이렇게 그때그때 기분에 따라 아이를 대한다면 결국 아이는 혼란을 느끼고 부모의 눈치를 슬슬 보는 아이가 된다. 또한 엄마와 아빠가 같은 기준으로 일관성 있게 아이를 대해야 두 부모의 권위가 모두 선다.

아빠 수업 톡! Talk?

권위적인 아빠와 권위 있는 아빠는 다릅니다. 큰 소리로 공격적으로 말을 하면 반감만 들 뿐입니다. '나-메시지 화법', 이유를 설명해주기, 해결책 제시해주기와 같은 대화기술을 사용하세요. 적극적으로 아이에게 사랑 표현을 하고 스스로 성숙하고 발전하는 모습을 보여주세요.
그러한 과정을 통해 생기는 것이 부모의 '권위'입니다. 격의 없는 아빠와 엄격하기만 한 아빠의 중간 지점인 권위 있으면서도 민주적인 아빠를 찾아가세요.

효과적인 훈육 방법

아이가 고쳐야 할 행동이 있다면 아이와 조용히 시간을 갖고 그 행동에 대해 아빠가 걱정하고 있음을 알려준다. 또 왜 그 행동을 고쳐야 하는지 납득할 만한 이유를 들어 설명해준다. 그럼에도 불구하고 아이가 고쳐지지 않는다면 다음과 같은 훈육 방법을 사용한다.

1. 무시하기

사소한 행동을 잘못했을 때 사용할 수 있다. 아이가 잘못된 행동을 할 때 무시한다. 이때 주의할 점은 부모가 평정심을 유지할 만큼 사소한 행동이어야 한다는 것이다. 평정심이 무너져 아이에게 소리를 지른다거나 더 이상 무시하지 못하면 오히려 잘못된 행동을 강화시킬 수 있다. 따라서 처음부터 끝까지 100%, 철저하게 무시해야 효과가 있다.

2. 타임아웃

타임아웃은 아이가 잘못된 행동을 하면 즉시 "타임아웃!"을 외치고 아이 혼자 빈 공간에 가서 생각하게 하는 방법이다. 타임아웃 방법을 사용하기로 마음먹었으면 아이에게 타임아웃에 대한 규칙을 알려준다. "잘못을 하면 아빠가 타임아웃을 외칠 것이고 의자에서 정확히 10분 동안 가만히 앉아서 반성해야 한다." 라고 간단하게 말해준다.

집에는 타임아웃을 위한 공간을 마련해둔다. '생각하는 의자'를 두어 아이가 앉아서 자신이 잘못한 행동을 생각해보게 한다. 타임아웃용 의자를 어두운 곳에 두면 아이가 공상을 하는 경우도 있으니 밝은 곳에 둔다. 또 식구들이 '가끔' 지나다니는 곳에 두는 것이 좋다. 텔레비전이나 놀잇감처럼 생각에 방해되는 모든 물건은 치운다.

타임아웃을 하기 전에는 적절한 시간을 정한다. 아이를 타임아웃시키고 나서 부모가 그 사실을 잊어버릴 수 있기 때문에 타이머를 사용하는 것도 좋다.

타임아웃이 끝나면 아이에게 왜 잘못했는가를 물어 스스로 반성하고 대답하게 한다. 모르겠다고 하면 한 번 더 타임아웃을 시킨다. 결국 아이는 대답하게 되어 있다. 하지만 세 번을 했는데도 대답을 하지 못하면 정말 모르는 것이니, 아이에게 잘못된 행동을 다시 인지시켜준다.

3. 강화 제거

아이가 좋아하는 물건을 빼앗거나 활동을 못하게 하는 것이다. 예를 들어 잘못된 행동을 하면 핸드폰을 압수한다거나 컴퓨터 게임을 못 하게 하는 등의 방법이다. 그런데도 불구하고 행동이 고쳐지지 않으면 핸드폰이나 컴퓨터를 없애버리는 것과 같이 더 엄격한 방법으로 나아가야 한다.

이러한 훈육 방법은 반드시 일관되게 사용해야 하며, 부모의 즉각적인 감정에 의해서가 아니라 아이와 충분한 약속과 대화를 거친 후 사용해야 한다. 또 아이의 행동이 고쳐지고 노력하는 모습을 보일 때는 칭찬해주고 스킨십을 해주면서 강화해나가야 한다.

*참고서적: 『초등생활처방전-엄마들은 모르지만 선생님만 아는』 (이영민, 21세기북스, 2014)

좋은 아빠 케이스 스토리 ;
행복한 남자가 행복한 가정을 만든다

사회복지기관에서 근무하고 있는 다섯 살(수아), 세 살(세아) 딸아이의 아빠 김계원입니다.

http://blog.naver.com/stria

아이는 다 알고 있다! 가정은 긴장해야 하는 곳

아이가 돌이 지나면서 아빠가 하는 것을 알아보고 있다는 생각을 하게 됐습니다. 그리고 육아 책을 보기 시작했고 '아빠학교'라는 카페를 찾기 시작했어요. 모를 땐 몰랐는데 알면 알수록 아이에게 아빠가 중요하다는 것을 깨닫게 되었습니다.

본인이 깨닫지 않으면 안 되는 것 같아요. 어떤 계기를 통해서 의식이 전환되지 않으면 사람이 바뀌기 쉽지 않거든요.

저희가 어릴 때는 아버지가 때리지 않는 것만 해도 감사한 일이었어요. 멀찍이 지켜봐주고 방관하는 게 아빠의 역할이었지요. 그런데 말이죠, 지금도 힘이 들 때면 어릴 적 농사를 지으시던 아빠, 아빠가 쟁기질하며 소를 끌고 갔던 기억, 과자를 사줬던 기억들이 생각이 나요. 아빠가 어떻게 해라, 라고 한 적은 없었지만 어린 시절이 훈훈하게 가슴속에 남아 있어요. 그래서 지금 아이들과 함께 생활하는 것 자체가 아이가 컸을 때 큰 영향을 미칠 것 같다는 생각이 듭니다.

집에서는 아빠들이 직장에서보다 편하게 함부로 생활하기가 쉽다고 생각합니다. 하지만 오히려 가정은 긴장해야 하는 곳입니다. 아내에게 사랑스럽게 대하는 것을 아이가 보고 동생에게 그대로 따라 합니다. 아이는 어릴 적부터 다 알고 있어요.

취미생활보다 더 큰 행복

저는 산악자전거를 타는 취미가 있습니다. 하지만 아이를 낳으면서 그 취미를 내려놓았습니다. 주말에 혼자 나가서 자전거를 타면 나는 즐거움과 스릴을 누릴 수 있겠지만 아내와 아이들은 제가 집에 함께 있을 때보다 덜 행복할 수 있습니다. 비싼 자전거를 샀지만 아이가 클 때까지는 타지 않을 생각입니다.

하지만 반드시 제가 희생한 것만은 아닙니다. 취미생활을 하면서 50의 행복을 누린다면, 아이와 함께 요리를 하거나 좋은 곳을 가면서 가족이 함께한다면 100의 행복을 누릴 수 있더라고요.

아이는 언제까지나 아빠와 놀아주지 않고, 조만간 아빠 손을 떠납니다. 아빠와 시간을 많이 보냈던 아이, 문화생활을 즐길 줄 아는 아이, 좋은 추억이 많은 아이로 키우고 싶습니다.

아이와 함께하기 위한 아빠의 직장생활

저는 퇴근 후와 주말을 이용해서 아이와 최대한 많은 시간을 보내려고 노력하고 있습니다. 회사에서는 빨리 일을 끝내고 퇴근하는 수밖에 없어요. 그러다 보니 우선순위가 정해집니다. 연애할 때 만사를 제쳐놓고 데이트하러 가는 것처럼 아이를 만나러 가야 합니다. 꼭 필요한 회식에 참여하지 않는다는 게 아니라 회식을 굳이 만들지 않습니다. 유럽이나 다른 대부분의 나라에서는 정시에 퇴근하는 것이 일반적인 분위기라고 하죠. 우리나라도 야근은 없어지고 그러한 분위기가 만들어지도록 해야 해요. 아이를 재우고 할 일을 하면 쓸 데 없이 낭비하는 시간이 줄어들어요.

대부분의 남자들이 스트레스를 풀고 싶어서 술자리를 갖곤 하잖아요. 하지만 아이들이 아빠를 반기는 순간 노래방에서 노래를 하고 골프장에서 아무리 골프를 쳐도 풀리지 않는 스트레스가 풀립니다.

그러다 보면 직장에서는 소문이 나고 여사원들에게도 칭찬을 받아요. 남자 사원들 역시 요즘은 이런 아빠를 팔불출이라고 말하지 않습니다. 오히려 육아 코치를 해달라고 하기도 합니다. 이제는 사회의 분위기 자체가 달라지고 있어요. 아이의 육아에 신경을 쓰다 보면 어느 순간 아빠는 육아 전문가가 되어 있습니다. 그리고 직장일도 잘하더니 가정일도 잘한다고 인정받는 분위기가 됩니다. 각자 상황에 따라 어느 정도 편차는 있겠지만 모든 것이 아빠의 마음에 달려 있다고 생각합니다.

아이와 있으면 서먹하다는 아빠들에게

스킨십이 부족해서 그렇습니다. 스킨십이 잦으면 아이는 자연스럽게 아빠에게 옵니다. 어려서부터 아빠가 많이 안아주세요. 가장 좋은 방법은 목욕을 시켜주고, 목욕 후에 로션을 발라주는 것입니다.

내 자식이 아니어도 똥 한 번 치워주면 그 아이가 날 보는 느낌이 달라집니다. 그만큼 스킨십의 힘은 큽니다. 어릴 때 스킨십을 안 하면 커서는 스킨십을 하기 힘들고 서먹해져요. 그렇기 때문에 스킨십을 할 수 있는 몸 놀이를 하세요. 놀이라고 해서 대단한 게 아닙니다. 침대에서 부둥켜 안아주고 간지럽혀주고 쭈쭈 마사지를 해주세요. 놀이에도 단계가 있습니다. 어릴 때는 신체 놀이, 크면 도구 놀이, 더 크면 혼자서도 할 수 있도록 해줍니다.

'말 타기', '스파이더 맨', '박쥐', '비행기', '거미가 줄을 타고 올라갑니다', '공주를 그려줄게', '눈썹 그려줄게', '왕관 그려줄게', '왕자님 만들어 줄게' 등 놀이는 만들고 하다 보면 늘어납니다. 요즘에는 다양한 놀이를 배울 수 있는 곳도 많습니다. 저도 몰랐기 때문에 '아빠학교'에 가서 많이 배웠지요. 아이가 크면 몸으로 놀아주지 못하므로 아이가 어릴수록 특권을 누리셨으면 좋겠습니다. 마음만 먹으면 아이도 가정도 바뀌니 스킨십이라는 무기를 잘 활용하셨으면 좋겠습니다.

신념과 철학이 있는 아빠

아빠와 관계가 잘 맺어진 딸은 정서적으로 건강하고 대인관계가 좋으며 사랑받을 수 있는 긍정적인 에너지가 있습니다. 아이의 삶에 들어가서 아이와 삶을 얼마나 공유하는가가 좋은 아빠의 기준이라고 생각합니다. 막상 해보니 돌쟁이 아이와도 통하는 것이 많더라고요. 그래서 아이의 삶에 들어가서 교감하는 것을 실천하려고 합니다.

아이의 교육에 대해서라면 사교육에 의지할 생각은 없고, 홈스쿨링을 할 생각은 있습니다. 미디어에서는 아이 한 명 키우는 데 몇 억이 든다고 하는데, 사교육 없이도 아이를 건강하게 키우는 사람을 많이 봤습니다. 그래서 초등학교 때부터 많이 놀아주면서 아이를 교육하고 싶습니다. 박물관과 도서관에 함께 가고, 책도 함께 읽으며 책을 통해 지혜를 얻는 아이로 크게 할 것입니다.

공부를 강요하면 공부의 맛을 잃어버리기 때문에 저는 아이가 자연을 사랑하고 책 보는 즐거움을 느낄 줄 알고 역사의식을 가질 수 있도록 키우고 싶습니다. 아이가 크면서 아이와 하고 싶은 것들이 더 많아집니다. 지금처럼 몸 놀이를 하는 것과는 다른 시간들을 보낼 거예요. 아이와 함께 '박물관 100군데 가기 프로젝트', 아이가 책과 도서관과 친해지도록 '우리 동네 도서관 투어', '보물 1호부터 문화재 보기 프로젝트' 등을 생각하고 있습니다.

프렌디 대디? 권위 있는 아빠!

요즘 '프렌디 대디'라는 말이 있잖아요. 아이와 친구처럼 지내는 아빠를 말합니다. 아빠는 아이와 함께하는 시간을 늘리고 가깝게 지내야 하지만, 너무 친구처럼 대하면 아이가 반드시 배워야 할 것을 배우지 못합니다. 아이가 아빠를 지나치게 친구처럼 느끼면 말을 함부로 하고 행동도 함부로 하게 됩니다. 부모에게 일정 정도의 '권위'는 꼭 필요합니다.

그래서 저는 아이에게 자율성을 보장해주려고 하되 정말 중요하고 당연히 해야 하는 것에는 선택권을 주지 않습니다. 버릇없는 행동에 대해서는 크게 혼내지요. 즉 놀 때는 확실하게 놀아주지만 혼낼 때는 체벌도 합니다. 성경에 따르면 회초리를 드는 게 맞습니다. 매는 아이의 어리석음을 쫓아낸다고 생각합니다.

제게도 매에 대한 어린 시절의 기억이 있습니다. 저는 어렸을 때 거짓말 때문에 어머니께 매를 맞았습니다. 하지만 제가 미워서 때린 것이 아니라 저를 위해 때렸던 것이라는 것을 알았어요. 또 한 번은 초등학교 때 샀던 문제집을 방학이 되도 풀지 않았어요. 형이 매를 들었죠. 부모님께서 시골에서 힘들게 농사지어서 사주신 문제집을 풀지 않는다는 이유에서였어요. 그러한 기억들이 저를 올바르게 성장하게 했어요. 그래서 부모님과 형이 저를 사랑했다는 것을 마음 깊이 느끼고 있습니다.

아이에게 부모로서 필요한 것들을 가르치기 위해서는 올바른 체벌도 필요하다고 생각합니다. 단 올바른 체벌에는 규칙이 필요합니다. 체벌할 때 감정이 들어가면 안 된다는 것, 아이에게 잘못의 정확한 이유를 알게 해야 한다는 것, 혼낸 후 아이를 꼭 안아준다는 것입니다.

좋은 아빠가 되고자 노력하고 나서 달라진 점

이렇게 좋은 아빠가 되려 노력을 하게 되니 달라진 점들이 많습니다. 가장 먼저 집에 웃음이 끊이지 않게 되었습니다. 아이와 어떻게 놀아야 할지를 배우고 아이에게 책을 읽어주면서 자연스럽게 많은 교감을 하게 되었습니다. 또 남편이 변했다는 아내의 칭찬도 늘었지요. 엄마가 행복하니 둘째 아이에게도 행복한 태교가 자연스럽게 됐어요.

행복한 가정의 모습을 꾸리지 못하셨던 부모님의 기억이 각인이 되어 있어서 저는 더 잘 살고 싶었습니다. 그래서 결혼예비학교, 부부학교 등을 다니면서 배웠어요. 아빠학교도 마찬가지고요. 저 역시 다혈질의 성격이 있지만 아내를 편안하게 해주려고 노력하고 있어요. 그러한 실천들은 의무감이 아니라 깨달음 이후에 노력하게 되고 나오게 되는 것 같아요.

아이에게는 어릴 때 아빠와 함께했다는 추억 자체가 엄청난 힘입니다. 아이들이 생기면서 저도 긍정적인 이야기를 많이 하게 되었고, 성격도 긍정적으로 변하게 되었습니다.

아빠들을 향한 메세지

행복한 아빠가 되어야 합니다. 행복한 아빠가 된다는 것은 자기의 생각에 달려 있습니다. 가정에서의 행복을 먼저 느끼면 행복한 에너지가 많이 생깁니다.

　가정에서 행복해지기 위해서는 자녀에게 어떻게 해줘야겠다는 생각보다 아내에게 어떻게 해줘야겠다를 먼저 생각하세요. 사장이 직원에게 잘해주면 직원이 고객들에게 잘하잖아요. 가정에서의 CEO가 아빠입니다. 아빠가 아내에게 잘해주면 아내가 아이에게 잘하고, 결국 가정이 행복해지고 건강한 가정을 만들 수 있습니다. 지금 이 순간이 얼마나 행복한가를 생각하면서 행복한 남자가 되도록 하세요!

아들 사용 설명서 ;
아빠가 아들을 남자로 만든다

요즘 남자아이들이 아버지와 직접적으로 접촉하는 시간은 평균 일주일에 30분이라고 한다. 반면 남자아이들은 일주일에 40시간이 넘는 시간을 스크린(비디오게임, 텔레비전, 영화, 인터넷 등) 앞에서 보낸다. 가족이 해체되고 부모와 보내는 시간이 점점 줄어들면서 남자아이들은 역할 모델이 없어지고 대화의 기술을 배우기 힘들어진다. 엄마들은 하나같이 아들 키우기가 힘들다고 말한다. 오죽이나 힘들었으면 아들 키우는 법에 대한 교육서가 따로 나오고, 남자아이만 보내는 미술학원까지 생겼을까. 근본적으로 아들은 딸과 다르다. 하지만 아빠는 같은 남자이기에 이해할 수 있다. 그렇기에 아빠가 아들에게 알려줄 수 있는 것은 엄마와 다르다.

아이와 부모가 서로 눈을 맞추고 감정 표현을 따라 하는 교감행위를 '동시성'이라고 한다. 이러한 동시성은 동성인 아빠와 아들, 엄마와 딸이 이성인 아빠와 딸, 엄마와 아들보다 더 빠르게 더 자주 일어난다. 이성의 부모보다 동성의 부모가 정서 일치의 정도가 높다는 것이다. 따라서 아빠의 노력은 특히 아들에게 중요하다. 프로이트는 "남자아이들은 성장과정에서 아빠의 역할과 행위를 모방함으로써 남성적인 특징이 뚜렷해진다."라고 주장했다. 아들은 아빠의 일거수일투족을 모방해서 남성성을 습득하게 된다.

물론 수십 년 전, 아니 수백 년 전에도 아버지가 없는 남자아이들은 많이 있었다. 하지만 예전에는 아버지가 멀리 일을 하러 떠나 있거나 전쟁터에 나가거나 혹은 세상을 떠난 경우에 할아버지나 삼촌 또는 다른 남자 어른들이 '남자가 되는 법'을 아이에게 가르쳐줄 수 있었다. 하지만 핵가족화가 진행된 지금은 아빠만이 할 수 있는 역할이 되었다.

남자아이는 유대감 형성과 관련된 호르몬인 옥시토신이 여자아이보다 더 적게 분비된다. 물론 남자아이도 다른 사람들과 관계를 맺기는 하지만 여자아이만큼 많은 사람들과 교류하고 결속을 다지지 않는다. 남자아이는 관계를 맺는 일에 여자아이보다 더 많은 도움을 필요로 한다. 따라서 아빠는 팀별 게임과 멘토링 시스템을 만들어 남자들끼리 유대감을 형성할 수 있도록 도와주어야 한다. 이때 남자아이들의 특성에 맞게 대화나 정서적 교류보다는 신체활동을 통하는 것이 우선이다.

남자아이는 세상을 구하고 싶어 한다. 남자아이들은 여자아이들과 달리 게임을 하며 요란하고 거친 분위기를 만든다. 아들에게 남자가 된다는 것은 세상 속에서 중요한 목적을 가지는 것이다. 어린 남자아이들은 이를 마법의 힘이나 보물을 이용해서 세상을 구한다고 생각한다. 따라서 아빠가 아들에게 해줄 수 있는 것은 아이가 정의로운 영웅이 되고 멋진 남자로서 자랄 수 있도록 신체적으로 발달할 수 있는 다양한 역동적인 활동과 놀이를 해주는 것이다.

아들을 다루는 것이 딸과 다르다고 해서 강하게만 다루어야 한다는 건 아니다. 아빠의 남성성이 높을수록 아들의 남성성이 높을 것이라는 가설을 두고 연구한 결과 아빠가 아들과 따뜻하고 온화한 관계를 맺을수록 오히려 아들이 남자다워진다는 사실을 발견했다. 남자답게 키우고 싶다면 아들에게도 딸에게 하듯 적극적으로 사랑을 표현하고 따뜻하게 대해야 한다. 따라서 아빠와 아들 사이에 신체적인 결속을 다진 후에 따뜻한 사랑표현과 함께 아들만의 정체성을 세우고 가치관을 만들 수 있는 대화를 한다. 남자로서 아빠가 아들에게 전해줄 수 있는 가치를 일깨워주는 것이 좋다.

남자아이에게 꼭 필요한 질문들
- 오늘 한 일 중 가장 중요한 일은 무엇이었니?
- 어른이 돼서 가장 먼저 어떤 중요한 일을 하고 싶어?
- 커서 어떤 일을 하고 싶니?
- 남자란 무엇일까?
- 남자아이는 언제 남자가 될까?
- 남자는 어떤 방식으로 자신의 가족을 사랑할까?
- 너의 영웅은 누구니? 이유가 뭐야?
- 네게 학교는 좋은 곳이니? 좋다면 어떤 면에서 그래? 그렇지 않다면 어떤 점이 힘들어?
- TV에서는 어떤 남자를 좋은 남자로 그리고 있는 것 같니?
- 친구들은 어떤 남자를 좋은 남자라고 말하니? 한번 물어볼래?

- 네가 가장 좋아하는 책이나 만화책, 게임은 뭐니? 거기에 나오는 캐릭터들 중 어떤 캐릭터를 가장 좋아해?
- 너의 '특별한 능력'은 무엇일까? 네가 어떤 일을 가장 잘한다고 생각해?
- 요즘 누구 생각을 가장 많이 해? 그리고 어떤 감정이 가장 두려워?
- 뭘 할 때 가장 행복하니?
- 내가 뭘 해주면 좋을까?
- 요즘 누구랑 가장 많이 놀고 싶어? 그 이유는 뭐야?

*참고서적: 『소년의 심리학』 (마이클 거리언, 위고, 2013)

딸 사용 설명서 ; 아빠는 딸의 첫 번째 남자다

딸에게 있어 아빠는 생애 처음으로 접하는 '남자'이다. 따라서 딸은 아빠를 통해 남성에 대한 상을 형성한다. 어릴 때 아빠와의 관계에서 인정과 신뢰를 받으면 성인이 된 이후에도 이성과의 관계를 맺을 때 혼란을 적게 경험한다. 아빠들은 자신이 딸의 인생에서 첫 번째 남자라는 것에 대해 책임감을 가져야 한다. 딸들이 여자가 되는 방법을 엄마에게서 배우듯이 남자의 인정을 얻는 방법은 아빠를 통해 배운다. 딸의 결혼생활에는 자신의 어머니와 맺었던 관계보다 아버지와 맺었던 관계가 더 영향을 미친다. 자신의 아버지가 가정에 불성실했거나 부모님의 결혼생활이 불행하게 보였을 때, 딸이 결혼하지 않으려는 것을 주변에서 어렵지 않게 볼 수 있는 것도 이 때문이다. 아이가 자신의 결혼관을 발전시켜나가기 위해서는 집에서 행복한 결혼생활을 하는 엄마 아빠의 모습을 보면서 커야 한다.

아빠가 딸에게 "희진아, 네가 엄마처럼 행복하게 살고 싶다면 아빠 같은 남자와 결혼해야 한다. 가정의 소중함을 알고 그 가치를 지켜줄 수 있으면서 책임감 있는 남자 말이야. 하지만 모든 남자들이 다 그렇지는 않으니 신중해야 한다."라고 말할 수 있다면 딸의 남자 고르는 눈과 결혼생활은 걱정하지 않아도 된다. 아빠 같은 남자만 만나라고 자신 있게 말할 수 있는 롤모델을 보며 자랐는데 무슨 말이 필요 있으랴. 딸은 남자와 여자가 어떻게 관계를 맺고 협력하며 가정을 꾸려나가는지 자연스럽게 알아가고, 나중에도 행복한 결혼생활을 하게 될 것이다. 좋은 남편이 되는 것은 딸을 위해 가장 중요한 일이다.

영국의 총리직을 세 차례나 연임했던 철의 여인 마거릿 대처는 "오늘날 저의 성공은 모두 아버지의 교육 덕분입니다."라고 말했다. 그녀의 아버지는 모든 일에는 자신의 의견이 있어야 하고 반드시 자신의 머리로 사물의 옳고 그름을 판단하라는 말을 들려주며 그녀를 모든 일에 노력하는 사람으로 교육시켰다. 그리고 그 노력은 그녀의 성공을 이끌었다. 딸은 아들에 비해 아빠의 사랑을 통해 자신의 가치를 확인하려고 하기 때문에 아빠의 사랑을 얻고자 하는 노력을 통해 학업이나 직업적인 성취를 얻는 경향이 있다. 아빠의 한마디는 딸을 이 세상에서 가장 위대한 어린이로 만들어주기에, 아빠는 딸과 자주 이야기하고 안아주고 얼마나 사랑하는지 말해주어야 한다.

아빠들은 때때로 엄마와 딸 사이에서 따돌림 당하는 기분을 느끼곤 한다. 그럴 때면 딸에게는 엄마만 필요한 것 아닐까 하는 생각 때문에 엄마에게 자리를 비켜주기도 한다. 이러한 생각이 들지 않기 위해서는 딸이 아주 어렸을 때부터 계속해서 육아에 참여해야 한다. 그래야 딸의 인생에 아빠로서 계속 참여할 수 있다.

딸이라고 해서 아빠가 특별한 것을 해야 하는 것은 아니다. 그냥 어떤 것이든 같이 하기만 하면 된다. 아빠가 딸에게 관심을 갖고 있다는 것을 알려주기 위해서 딸에게 가장 필요한 것은 '아빠의 시간'이다. 왜냐하면 일반적으로 엄마는 '원래 자신을 돌보는 역할'이고 아빠가 자신과 시간을 보내는 것은 '아빠가 선택한 것'이라고 생각하기 때문에, 딸의 자존감 형성에 엄마보다 아빠가 중요한 역할을 하는 것이 사실이다.

아들과 딸을 키우면 관심사가 다르다는 것을 알 수 있다. 아빠에게는 아들과 씨름을 하는 것이 딸과 인형놀이를 하는 것보다 쉬울 수 있겠지만, 딸과 소꿉놀이를 할 줄 아는 아빠가 되도록 해보자. 또 나이가 들어가면서 딸도 관심사가 바뀌는데, 그에 맞춰 아빠도 변해야 한다. 커가면서 아무래도 아빠와 딸 사이에는 어쩔 수 없는 장벽이 존재하기 쉬우므로 공통 관심사를 마련해야 커서도 함께 할 수 있는 것이 생긴다. 그것이 배드민턴 치기가 될 수도 있고 산책이 될 수도 있고 자전거 타기가 될 수도 있다. 그러한 과정을 통해 딸이 컸을 때 아빠와 딸이 함께 쇼핑도 하고 커피를 마시며 수다도 떨 수 있을 것이다.

아빠가 딸에게 해줄 수 있는 것, 해줘야 할 것

❶ 아빠로서 딸을 걱정하여 "남자들은 다 늑대란다!"와 같이 말하며 딸을 불안하게 만들지 않는다. 대신 "세상엔 너를 소중히 대해줄 좋은 남자들이 많지만, 신중히 선택해야 한다."라고 말해주는 것이 좋다.

❷ 딸 앞에서 다른 여성의 외모를 평가하지 않는다. 다른 남자들도 아빠와 똑같은 방식으로 평가할 것이라고 믿게 된다. 또 이런 행동은 특히 외

모에 민감한 시기에 딸의 자존감을 낮춘다.

❸ 성교육을 시키자. 요즘은 부모가 직장에 가서 아이가 혼자 있는 시간이 많아지고 각종 매체에 노출되면서 성적인 유혹도 많다. 이제 부모가 모른 체하고만 있을 수는 없다.

"아빠를 믿니? 아빠가 너한테 거짓말 한 적 있니? 아빠가 지금부터 하는 말은 모두 사실이야. 언젠가 네가 남자와 성관계를 하고 싶다는 생각이 드는 날이 올 거야. 성은 나쁘거나 불결한 게 아니야. 하지만 진정으로 사랑하는 사이, 남편과 아내 사이에서 결혼 안에서 이루어질 때 그것은 매우 아름다운 거야."라고 말해준다.

딸이 남자친구와 함께 놀고 싶다고 말할 때가 생길 수 있다. 그때 딸이 아직은 어려서 모를 것이라고 생각하거나 올바른 선택을 할 것이라고 막연하게 믿지 않아야 한다. 처음부터 둘만 있거나 성호르몬이 솟구칠 만한 상황을 만들지 않도록 하자.

"그래. 좋아. 그럼 영환이와 우리 집에 와서 영화를 함께 보자고 하렴. 같이 카드놀이를 하거나 보드 게임을 해라."라고 말한다.

딸이 아빠로부터 심리적인 위안을 얻을 수 있고 아빠가 인생에 관심을 가져준다면 남자아이가 먼저 성관계를 갖고 싶다고 하거나 유혹을 하더라도 단지 남자친구에게 심리적인 안정을 얻기 위해서 쉽게 허락하는 일이 생기지 않는다. 통계적으로 부모님의 불화 정도가 크고 가정이 화목하지 않을 때 아이가 성관계를 맺는 시기도 빠르고 욕망도 크다고 한다. 아빠가 딸과 성문제에 관해 대화를 나누면 아이의 성생활을 늦출 수 있고 보다 안전한 성생활을 하게 된다.

❹ 사춘기가 시작되면 딸과의 스킨십도 슬슬 거북해진다. 어릴 때부터 스킨십이 친근했다면 아이들은 별로 싫어하지 않는다. 딸에게 언제부터 스킨십을 하지 않아야 할지 걱정하는 아빠들이 있지만 그것은 나이의 문제가 아니라 딸이 어떻게 느끼느냐의 문제다. 조금이라도 싫어하는 기색을 보인다면 이제는 다른 방법으로 사랑을 표현할 때다. 하지만 그렇지 않다면 상관없다.

좋은 아빠 케이스 스토리 ;
아이가 태어나고 인생의 목표가 바뀌었어요

40세 회사원으로 세 살짜리 딸아이(임수현)를 키우고 있는 별이 아빠 임준일입니다. '별이 아빠 임피디의 세상 사는 이야기'라는 블로그를 운영하고 있습니다.

http://blog.naver.com/junila

아빠 육아의 현실

엄마가 승무원이라 집을 자주 비웁니다. 그래서 엄마가 없는 시간에 아빠가 자연스럽게 육아를 담당하게 되었습니다. 그러자 아이와 친한 아빠가 되고 싶었습니다. 그런데 아빠들이 편안하게 육아를 할 수 있는 환경이 아니어서 힘들었습니다.

처음에는 아이를 데리고 나가려니 쉽게 나서기 힘들고 쭈뼛쭈뼛하기도 했습니다. 한 번은 아이를 데리고 키즈 카페에 갔는데 어떤 할머니께서는 제 손을 꼭 잡더니 "새 출발해야지, 괜찮아." 하시는 겁니다. 제가 사별했다고 생각하셨던 거죠. 제가 아이를 데리고 나가면 때로는 시선이 곱지 않기도 해요.

아이를 데리고 놀이터에 나가면 엄마들끼리는 삼삼오오 모여서 수다를 떨고 있어요. 하지만 남자들은 멀찍이 떨어져 각자 스마트폰만 들여다보고 있지요. 사실 남자들은 굉장히 민망하고 어색하거든요. 그때 사람들에게 말을 걸 수 있는 마법과 같은 질문이 있습니다. 바로 "몇 개월이에요?"라는 질문이지요. 이 질문은 대화를 할 수 있게 만들어주는 소재이자 아빠들의 대화를 이끌어주는 매개체이죠. 대화의 마중물과 같은 역할을 하는 "몇 개월이에요?"라는 질문을 시작으로 "어린이집에 가요?"와 같은 이야기가 이어집니다.

이러한 사회적 분위기 속에서 육아를 하면서 아빠들에게 도움을 받고 싶기도 하고 공유한 정보를 다른 아빠들에게 알려주고 싶기도 해서 블로그도 하고 카페 활동도 하게 되었어요.

아이와 함께하면 성격도 변한다

제 딸아이는 아빠랑 자주 있다 보니 '엄마'라는 말보다 '아빠'라는 말을 먼저 배웠어요. 1,000번은 들어야 따라 하더라고요. 열심히 따라 하게 했죠. 엄마는 서운해하면서도 좋아해요. 아이가 아빠를 먼저 찾으니, 귀찮을 때도 있지만 좋아요.

저는 원래 무뚝뚝했는데 아이가 생기고는 성격이 바뀌는 것 같아요. 아이가 태어나면서 '아이와 해외여행 가기', '별 보면서 차 타고 전국일주 하기', '아빠라는 말 먼저 말하게 하기', '팔짱 끼고 쇼핑하기'와 같은 버킷리스트가 생겼어요. 사촌 여동생이 커피를 사 들고 아빠와 쇼핑하면서 다니는 것을 보고 부러워서 딸아이와 팔짱 끼고 쇼핑을 가는 게 제 버킷리스트 중 하나가 되었어요. '아빠'를 먼저 말하게 하는 버킷리스트는 이뤘네요.

보험회사 광고에서 딸이 남자친구를 데리고 오니까 꽃에 물을 주던 아빠가 딸의 남자친구에게 물을 뿌리는 장면이 있었어요. 딸 가진 아빠가 되니 그 마음이 정말 이해가 되더군요. '딸의 결혼식장에 손 잡고 가기'가 또 하나의 버킷리스트고요, '아이가 시집가서 낳은 손자 안고 있는 것'이 제 마지막 버킷리스트에요.

저는 원래 처음부터 무엇이든지 잘 믿지 않는 성격이었어요. 그런데 아이를 키우다 보니 아이가 어른의 거울이더라고요. 운전을 할 때도 제가 승부욕이 강했는데 아이가 그 모습을 다 따라 하는 것을 보고 '아차' 싶었죠. 이제는 옆 차에게 "먼저 가세요."라고 말해요. 그러면 아이도 따라 해요. 또 이제는 모든 것을 좋게좋게 보려고 노력합니다.

아이는 느리고 어른들은 빠릅니다. 어른들은 경쟁적으로 뭐든 빨리빨리 진행하려고 해요. 그런데 아이에게 맞추다 보니 빨리 해야 한다는 강박

관념에서 벗어나게 되었어요. 천천히 시간을 가지는 마음의 여유가 생겼다는 점도 바뀐 점이에요.

개인적인 취미생활이 아이를 키우는 것으로 바뀐 것 같아요. 차를 좋아해서 드라이빙과 튜닝이 원래 취미였는데, 주말에 차를 가지고 서킷에 나가면 아이한테도 미안하고 아내도 싫어해요. 그리고 차도 패밀리 세단으로 바꿔서 이제 못 가게 됐어요. 대신 한 번씩 스트레스를 풀려고 주말에 새벽 5시에 일어나서 모임에 나가요. 그 모임의 이름은 '그녀가 잠든 사이에'에요. 차를 좋아하는 남편들이 새벽에 모여서 교외로 드라이브를 나가요. 그리고 7시쯤 도착해서 8시까지 해장국을 먹으면서 수다를 떨고 집으로 돌아가면 아침 9시에요. 아이와 아내는 자고 있죠. 한 달에 한 번 정도 가고, 해장국을 먹고 포장까지 해 가니까 아침 식사까지 준비 끝이죠!

또 아이 아빠들끼리의 모임이 주말에 있으면 찾아다녀요. 아이들끼리 놀고 아빠들은 수다를 떨어요. 아내가 전업주부든 맞벌이든 아내를 쉬게 하고 싶은 남편, 하루는 내가 봤으니 오늘 저녁시간에는 자유를 허락받고 싶은 남편들이 나와요.

아이와 함께하는 별이 아빠의 특별한 방법

TV 시청은 하지 않고 하루에 한 시간 정도씩 아이들 교육용 프로그램 영상만 시청해요. 특히 집에 아이가 있을 때는 뉴스나 드라마는 절대 틀지 않습니다. 여러 가지 교구, 놀이도구, 장난감을 가지고 놀고 책을 읽어주며 책 놀이를 합니다.

바깥에 있을 때는 키즈 카페도 가고 뛰어놀고 자전거도 타면서 자연을 가깝게 느끼도록 해주기 위해 숲이나 공원도 많이 가요. 도시에서의 삭막함을 보완해주려고 노력하고 있어요.

아빠들에게 "멀리 나가라, 자연으로 나가라. 자연과 함께하는 곳으로 나가라."라고 말하고 싶어요. 녹색을 많이 보고 자라면 성격이 온화해지는 효과가 있거든요.

자기 전에는 자장가를 불러주고, 또 일주일에 적어도 한 번은 가족들과 아이를 위해 요리를 하려고 노력합니다. 저는 원래 요리를 정말 싫어했는데요, 저는 안 먹어도 아이를 위해서는 합니다. 주먹밥이나 야채볶음 같은 것들을 해주는데 그것도 실력이 늘더라고요.

아이에게는 항상 아빠 딸이라고 세뇌시켜요. 제가 아이를 키우는 것에 대한 일종의 보상심리라고 할까요? 스킨십도 많이 하고, 목욕을 할 때면 머리는 항상 제가 감겨줘요.

인터넷 어디선가 "나의 첫 번째 직업은 아빠고, 두 번째 직업은 회사원이다."라는 문구를 본 적이 있어요. 굉장히 마음에 와 닿았어요. 그렇기에 저는 첫 번째 직업을 위해 두 번째 직업을 빨리 끝내고 가려고 합니다. 일은 일이고 육아는 육아이므로 직장에 있을 때는 빡세게 주어진 시간에 일을 마치고, 그 뒤에 육아에 전념할 수 있도록 노력합니다. 회사일은 절대 집에 가져가지 않으려고 하고요.

아빠들에게 하고 싶은 말!

"힘내세요!"라는 말을 가장 먼저 하고 싶어요. 이런 시대에 태어나서

힘든 게 많죠. (웃음)

아이를 키우면서 얻게 되는 것이 많아요. 집에만 있지 말고, 혼자만 놀지 말고, 세상으로 나오세요. 아이를 키우는 게 아니라 아이와 부모가 같이 커가는 것이더라고요.

아빠표 레시피를 공개합니다

사람들은 만났다 헤어지면서 종종 "언제 밥 한 끼 먹어요."라고 말한다. 처음 만난 사람들끼리도 어색한 분위기를 깨는 데는 밥을 같이 먹는 게 최고다. 예수님께서 돌아가시기 전에 제자들과 무엇을 했나? 최후의 만찬을 가졌다. 그만큼 음식을 함께 먹는 것은 의미 있는 일이다. 가족을 다른 말로 하면 식구(食口)다. 가족이란 함께 밥을 먹는 사람이다. 음식을 함께 나누는 것은 곧 마음을 나누는 일이고 유대감을 표현하는 일이다.

하버드대학 캐서린 스노우의 연구 결과 만 3세 어린이가 책을 통해 배우는 단어가 140개라고 했다. 그런데 가족과의 식사를 통해 배우는 단어는 무려 1000개다. 콜럼비아대 CASA 연구결과 A~B학점을 받은 학생은 C학점 이하를 받은 학생에 비해 주당 가족과의 식사 횟수가 훨씬 많았다. 즉 밥만 같이 먹어도 아이가 똑똑해진다는 것이다. 그리고 같은 곳에서 연구한 또 다른 결과로 가족과 식사를 자주 하지 않은 청소년이 자주 식사를 한 청소년에 비해 흡연하는 비율이 4배, 음주하는 비율은 2배 높았다.

아이가 부모와 식사를 하면 안정감을 느끼고 부모의 사랑을 느끼게 되기 때문에 쉽게 어긋나지 않기 때문일 것이다.

　가족과의 식사가 아이들에게 좋은 점은 아주 많다. 우선 어른과 식사를 하면서 예절을 배울 수 있다. 아이가 부모 없이 밥을 먹으면 자기가 먹고 싶은 것만 먹게 되고 인스턴트 음식 등으로 때우게 되기 때문에 편식할 가능성이 높아지니, 가족과의 식사는 아이들 건강에도 좋다. 이처럼 한 끼 식사의 힘은 크다.

　가족이 밥을 함께 먹는 것도 좋지만 그보다 더 좋은 것은 아빠가 요리한 음식을 함께 먹는 것이다. 아빠가 간단하게라도 음식을 만들어주면 그 음식이 맛있든 맛없든 아이는 맛있게 먹는다. 자신이 먹을 것을 만들어주는 아빠, 함께 요리하는 아빠를 어떻게 아이가 좋아하지 않을 수 있을까?

　밥을 먹을 때는 TV를 끄고 가족이 대화를 하도록 하고, 아이를 혼내는 말 등의 부정적인 말은 식사시간이 끝나고 하는 게 좋다. 식사를 준비하고 정리하는 과정은 가족이 다 같이 하도록 한다. 부모만 한다거나 엄마만 하는 것이 아니라 아이도 함께 말이다.

Special Page
아빠의 간단 요리 레시피

감자전 http://cafe.naver.com/motherplusall/8819

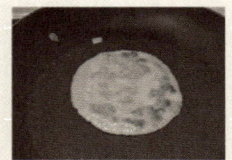

1. 감자의 껍질을 벗긴다.
2. 감자를 믹서에 넣고 간다.
3. 부침가루를 넣고 취향에 맞게 살짝 소금을 넣어준다.
4. 프라이팬에 부친다.

떡 베이컨 말이

1. 가래떡에 베이컨을 돌돌 만다.
2. 프라이팬에 굽는다.

주먹밥 http://cafe.naver.com/motherplusall/7862

 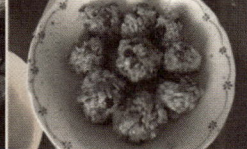

1. 식용유를 두르고 당근, 양파, 소고기 순으로 넣어 볶는다.
2. 밥을 넣어 볶는다.
3. 동글동글 주먹밥을 만든다. (재료는 다양하게 할 수 있다)

두부스테이크 http://cafe.naver.com/motherplusall/8598

1. 면포를 이용해 두부를 잘 짜준다.
2. 양파를 잘게 잘라 넣는다.
3. 부침가루, 소금, 후추, 파슬리 가루를 넣는다.
4. 프라이팬에 부친다.

밥피자

1. 밥을 프라이팬으로 누른다.
2. 토마토소스를 발라준다.
3. 갖은 채소를 썰어 올려준다.
4. 치즈를 듬뿍 올려준다.
5. 오븐에 굽는다. (오븐이 없을 때는 채소를 프라이팬에 익혀 올린다. 그 위에 치즈를 올린 후 프라이팬 뚜껑을 덮고 약한 불로 치즈를 녹여주거나 전자레인지에 돌려서 녹여준다.)

가족 식사의 장점

1. 정서적 유대감 형성
2. 어휘력, 언어감각 상승
3. 좋은 식습관 형성
4. 높은 학습 성취 결과

좋은 아빠 케이스 스토리 ;
가족과 함께하는 주말 트레킹으로 만성피로 극복!

이 시대의 아주 평범한 직장인 아빠, 유석호입니다. 경남 창원에 거주하고 국방과학연구소에서 재직 중입니다. 나이는 42세이고 열한 살 된 딸 유서연의 아빠입니다.

좋은 아빠가 되기로 결심

대부분의 직장인 아빠들의 핑계 중 하나가 회사일로 인한 늦은 귀가로 아이와 함께 할 수 있는 시간이 부족하다는 점입니다. 저도 역시 같은 고민을 하던 차에 회사 내에서 '100인의 아빠단' 3기로 활동을 했던 후배(지금은 제 멘토 아빠)를 보고 많이 배우게 됐어요. 그래서 저 역시 '100인의 아빠단'에 지원하기로 결심했습니다.

1년 동안 100인의 아빠단에게 주어지는 '아이와 함께하는 미션'을 수행하면서 자연스레 아이와 친밀감도 높아졌어요. '반강제적으로라도' 아이와 가족과 함께할 수 있는 시간을 만들게 되니 주말이면 부족한 잠과 TV로 시간을 보내지 않게 되었고요. 이제는 아이와 함께 요리도 하게 되고 신체활동 놀이 중심으로 시간을 보내며 좋은 추억을 만들고 있답니다. 그리고 사회적으로 가정에서 아빠의 역할에 대한 공감대를 형성하게 해준 MBC 〈아빠, 어디 가?〉, KBS 〈슈퍼맨이 돌아왔다〉도 아주 큰 자극제가 됐습니다.

EXO 좋아하는 아빠!

제 개인적으로 '좋은 아빠'란 아이와 '눈높이를 맞추어주는 아빠'라고 생각합니다. 아이의 기준에서 생각하고 대화하고 놀아주려 애쓰다 보니 자연스레 아이에게 "아빠가 좋아."라는 말을 들을 수 있었습니다. 요즘 저는 딸아이가 푹 빠져 있는 아이돌 그룹 EXO(엑소)에 대해서 공부하고 있습니다. EXO의 신곡, 멤버 근황 등을 말이죠. 그래야 관심사를 통해 공감대가 형성되어서 아이와 대화가 돼요. 'EXO의 DO(디오)가 짱이지!' 이 한마디면 아이는 맘을 엽니다.

자연과 놀기

아이와 친밀감을 높이는 방법 중 하나는 인위적인 놀이시설이 아닌 자연과 하나가 되는 경험을 많이 하게 하는 것이 최고라고 생각합니다. 그렇게 자연 속에 있다 보면 휴대폰은 멀리하고, 인스턴트 식품은 더 멀리하게 됩니다. 그리고 자연에 있는 꽃과 나무, 식물들을 소재로 대화가 시작됩니다. 잠자리와 대화를 하게 되고 나비와 함께 춤을 추게 됩니다. 또 한 가지! '자연물을 이용해서 나만의 작품'을 만들어보는 미션만

큼 좋은 놀이감이 없답니다. 사진은 얼마 전 경남의 한 휴양림에서 아이와 함께 모은 도토리, 솔방울, 나뭇가지 등을 이용해서 했던 '우리 집 정원 만들기' 놀이랍니다.

저는 캠핑과 트래킹을 좋아해서 한 달에 한 번 정도는 꼭 실천하려고 노력하는 중이지요. 4년 전부터 아이와 가족과 함께 시작한 지리산 둘레길 트래킹은 남원 주천 1코스에서 시작하여 현재 하동 10코스 구간까지 완주했습니다. 그 외에도 부산 갈매길, 창원 비치로드, 제주 올레길 등 여러 길을 다녀왔습니다. 제 뜰아이는 초등학교 입학 전부터 지리산 둘레길 트래킹을 시작하여 현재 트래킹 완주 거리가 무려 132km랍니다. (자랑^^)

사랑받는 아빠의 비밀 병기: 음식 & 마사지

일주일에 한 번까지는 아니더라도 한 달에 한두 번은 아빠가 직접 아이와 요리를 하려고 노력합니다. 요리라고 하기에는 부끄럽지만, '아빠표 샌드위치', '콘치즈', '김치볶음밥' 등의 메뉴로 엄마가 잠시 쉬는 동안 아이

와 함께 직접 식사 준비를 해봅니다. 엄마에 비해 어설프기 짝이 없지만 아빠와 함께 만들었기에 외식보다도 훨씬 맛있는 식사 시간이 됩니다.

아침에는 등교 시간에 늦지 않도록 깨우는 일이 가장 어려운 것 같아요. 아이는 부족한 잠에 항상 신경질을 부리기 일쑤니까요. 그래서 생각해낸 방법 중 하나가 스킨십입니다. 아침에 풋크림을 이용해서 발마사지를 해줍니다. 사랑한다는 말은 당연하고요. 그리고 제가 사용하는 두드림 마사지기를 이용해서 가볍게 등과 다리 등을 마사지해주면 혈액순환에도 좋고요. 아이도 훨씬 개운한 기분으로 일어나게 되더라고요. 바쁜 아침이지만 그렇게 10여 분 정도만 투자를 하면 아이도 기분이 상쾌하고, 아빠도 한결 기분 좋은 아침을 맞을 수 있답니다.

직장일과 가정일의 병행 비법

초등학교 교사로 재직 중인 아내도 회식이나 업무 등으로 인해 귀가가 늦는 경우가 종종 있습니다. 직장일을 하면서 가사일까지 아내 혼자 부담하기에는 버거울 수밖에 없지요. 그래서 제가 아내와 한 약속 중 하나는 아내가 회식을 하는 날은 제가 무조건 7시 이전에 귀가한다는 법칙을 세웠습니다. 또 그날은 제가 화장실 청소를 하는 날입니다. 설거지도 최대한 도와주려 애쓰다 보니 이젠 딸아이는 엄마는 요리를 하고 아빠는 설거지를 하는 모습이 당연하다고 생각하더군요. 부작용도 있네요, 아내는 회식을 자주 하려고 노력하고 절대 설거지를 안 한다는 점이요. (웃음)

주말에 부족한 잠 보충과 TV로 시간을 보내다 보면 오히려 그 다음 주에 더 피곤하더라고요. 조금만 시간을 투자해서 가까운 공원이나 등산로 트래킹을 해보면 훨씬 몸 건강과 정신 건강에 좋다는 것을 느끼실 겁니다. 아니면 아이와 함께 가까운 도서관에 가서 한두 시간 책을 읽어보세요. 그리고 매점에서 떡볶이 한 접시만 같이 드셔보시면 특별한 노력을 기울이지 않아도 아주 쉽게 아이와 함께 시간을 보낼 수 있다는 것을 아실 겁니다. 굳이 1박, 2박 등 장기간의 여행만을 계획하려고 노력하지 마세요. 피곤해서 가족들과 시간을 보내기 힘들다는 것은 너무 거창한 것을 하려고 해서 그런 것은 아닐까요? 모두 마음 먹기에 달려 있습니다.

세상의 아빠들에게

항상 직장일로 인해 만성피로를 달고 사는 이 시대의 모든 아빠들께 고합니다. 지금까지 앞만 보고 달리고 계셨다면 잠시 멈추어 서서 뒤를 한 번 돌아보세요. 혹시 가족만 외롭게 아빠 없이 저 멀리서 걸어오고 있지 않은가요? '혼자 가면 빨리 가지만, 같이 가면 멀리 갈 수 있다'는 말이 있습니다. 아빠는 절대 슈퍼맨이 아니거든요. 힘든 여정을 가족과 아이와 함께 가야 한답니다. 사회에서 성공의 튼튼한 기초는 가정에서의 성공이라고 감히 말씀드리고 싶습니다. 물론 저도 실천하기는 쉽지 않아요. 노력할 뿐이지요. 그리고 쳇바퀴처럼 돌아가는 회사와 집을 조금만 벗어나보세요. 1년에 몇 번쯤은 가까운 곳으로, 놀이공원보다는 산과 들, 자연으로 여행을 해보는 것도 좋은 아빠가 되는 지름길이고요.

직장과 가정에서 모두 행복해질 수 있는 팁을 한 가지 더 드리자면 나를 위한 투자에도 절대 인색하지 마시라는 겁니다. 많은 경제적 비용을 지불하지 않아도 가능하답니다. 저는 요즘 지역에 있는 작은 극단에 가입해서 1년에 한 번 정도 연극 공연을 합니다. 물론 아주 작은 배역이지만 무대 위에서 연기하는 아빠의 모습을 보여주면 아이를 포함하여 가족들에게도 좋은 경험이 되고, 스스로에게도 큰 활력소가 된답니다. 아이가 아주 어릴 때는 부모가 모두 아이에게 딱 붙어서 돌봐야 하지만 아이가 커가면서는 삶에 활력을 줄 수 있는 건강한 취미생활도 하나쯤 찾아보세요.

아빠의 착한 약속

아이와 얼마나 자주 약속을 하는가? 아빠들은 자신도 모르게 아이와 수많은 약속을 하고는, 약속을 했다고 생각하지 않는다. 부모들은 너무 건성으로 아이들에게 수많은 약속을 한다. 하지만 아이들에게는 '아빠 금방 다녀올게, 아빠가 다음에 사줄게, 아빠랑 다음에 가자.'와 같은 모든 말들이 약속이다. 아이에게 '중요한' 사람인 부모가 아이에게 '중요한' 장난감을 나중에 사주기로 한 약속 말이다.

그렇다고 아이들 말을 다 들어줄 수는 없다. 아이가 주체적으로 생각을 하기 시작하는 순간부터 얼마나 많은 것들을 요구하고 주장하는지 아빠들은 잘 알 것이다. 그래서 귀찮은 순간을 모면하려고 '다음에'라는 거짓말을 남용한다. 하지만 그것은 위기를 순간적으로 모면하는 것일 뿐이다. 들어주기에 무리한 요구라면 그냥 넘기지 말고 아이에게 분명하게 말하고 설득시켜야 한다.

'하브루타'는 유대인들의 교육법인데, 짝을 지어 질문하고 대화하고 토론하고 논쟁하는 것을 의미한다. 유대인들은 가정에서 하브루타가 생활화되어 있다. 예를 들어 아이가 고가의 게임기를 사달라고 했을 때, 부모는 몇 시간이 걸리건 왜 그것을 사줄 수 없는지 아이에게 설명하고, 동시에 부모도 아이의 말을 귀담아 듣는다. 물론 이것은 엄청난 인내가 필요한 일이다. 그래도 그렇게 하면 아이도 수긍하게 되고 마음에 앙금이 남지 않는다.

못 지킬 약속을 대충 하고 넘어가면 아이는 부모에 대한 신뢰감을 저버리게 된다. 부모는 아이가 태어나서 처음 인간관계를 맺게 되는 사람이다. 그런데 그 관계에서 믿음이 지켜지지 않는다면 세상에 대한 믿음도 낮아질 수밖에 없다. 못 지킬 약속이라면 이해시키고 설득시키도록 하고, 처음부터 함부로 약속하지 않는다. 아이가 조른다고 해서 그 순간을 모면할 약속을 하고 선의의 거짓말이었을 뿐이라고 위안 삼지 말라는 것이다. 또, 약속을 할 것이라면 구체적으로 약속해야 한다.

하루는 민성이가 그림을 함께 그리자고 도화지를 가져왔다. 나는 도화지를 치우며 다음에 같이 그리고 오늘은 혼자 그리라고 말했다. 민성이는 몇 번 조르더니 '치' 하고 방에 들어가서는 화풀이로 민지를 때려서 엄마에게 혼이 나는 상황이 연출되었다. 그때 민성이에게 아빠가 회사에서 일하느라 피곤하다고 말하고, 이번 주 토요일에 함께 그리자고 새끼손가락을 걸고 약속한 뒤 정말로 토요일에 함께 그렸다면 어땠을까. 민성이는 당시에는 서운했겠지만 이해하고 받아들이며 방으로 가지 않았을까, 하는 생각을 했다.

며칠이 지난 어느 날 나는 늦은 시간에 퇴근을 했다. 아이들은 내게 매달렸다.

"아빠, 오늘 지성이가 그러는데 아빠랑 엄마랑 스케이트 타러 갔대. 나도 스케이트 타고 싶어. 내일 스케이트 타러 가자."

나는 순간 '다음에'라고 하려다가 "아빠가 요즘 회사에서 엄청 바빠. 그래서 아빠도 민성이와 민지랑 스케이트 타러 가고 싶은데, 바로는 못갈 것 같네?"라고 말했다.

민성이의 표정이 일그러졌다.

"왜 바빠? 왜 아빠는 맨날 바빠?"

"민성이는 식당에 가서 맛있는 거 사 먹고 슈퍼마켓에 가서 과자도 사 먹지?"

"응."

"아빠는 사람들이 맛있는 음식을 먹을 수 있도록 어떤 음식을 만들고 팔지 계획하는 일을 해. 그런데 요즘은 그런 일들이 많아서 조금 바쁘거든. 아마 아빠 바쁜 일이 일주일 후에는 끝날 거야."

민성이는 고개를 끄덕였다.

"오늘이 무슨 요일이지?"

"화요일."

"그래, 맞아. 그러면 일주일 지나서 주말은 언제지?"

민성이와 함께 달력을 보며 말했다.

"여기."

민성이는 다음 주 토요일을 가리켰다.

"그래. 우리 그때 스케이트 타러 가자. 어때?"

민성이의 표정이 밝아졌다. 이해하기 쉽게 설명해주니 민성이가 생각보다 빨리, 쉽게 납득하고 아빠를 이해해주는 듯했다. 물론 이렇게 쉽게 이해시키기 힘들 때도 있을 것이다. 아이의 수준에서 이해되지 않는 것은 따져 물을 때도 있겠지만 하나하나 이야기를 하면서 '하브루타'를 잘 실행하면 아이와의 관계도 좋아질 뿐더러 아이도 언어능력과 논리력, 대화법, 협상법을 기를 수 있을 것이다. 나는 앞으로 선의의 거짓말로 가장된 '다음에'라는 거짓말은 절대 하지 않고 아이와의 약속은 꼭 지키는 부모가 되리라 다짐했다.

> **아빠 수업 톡! Talk?** 아이와 했던 약속 적어보기

좋은 아빠 케이스 스토리 ;
행복과 나눔을 아는 아이를 위한 3×3 육아

아유보완!(스리랑카어, 안녕하세요) 에너지가 넘치는 다섯 살 한태민의 아빠 한명일(만 36세)입니다. KOICA 봉사단원으로 스리랑카에서 2년, KOICA 직원으로 7년 정도 일하며 개발도상국의 개발을 위해 일을 했으며, 지금은 2018 평창 동계올림픽 조직위원회에서 올림픽을 홍보하는 일을 하고 있습니다.

지친 아빠에게 다시 찾아온 변화

저는 결혼과 동시에 육아에 참여하게 되었습니다. 육아를 하면서 신혼생활, 취미생활이 없어지다 보니 몸과 마음이 지쳤고, 아내와 아이 모두에게 소홀해지게 되었습니다. 그러나 육아에 적극적으로 관심을 가져야겠다고 마음먹은 뒤 여러 인터넷 카페를 찾아보며 육아에 대한 많은 정보를 얻었습니다. 그러면서 대한민국 육아를 대표하

는 '100인의 아빠단'이라는 카페를 알게 되었고 육아에 대한 마음가짐을 새롭게 하고 다시 적극적으로 참여해봐야겠다 싶어 '100인의 아빠단'에 지원하게 되었습니다.

제가 육아에 적극적으로 참여하면서 자연스럽게 집안 분위기가 바뀌었습니다. 아이와의 관계가 좋아졌다는 게 가장 큰 변화였습니다. 회사에서도 육아에 대한 정보 등을 공유하며 폭넓은 육아 정보를 얻을 수 있었습니다.

아빠란 세상을 보는 창

'항상 웃는 아빠'와 '항상 엄마와 싸우는 아빠'. 이 두 아빠는 아이에게 각각 어떤 영향을 미칠까요? 아빠 육아가 아이에게 미치는 영향을 생각해보면 세 살까지는 뇌가 가장 빠르게 많이 발달하는 시기입니다. 그 시기에 부모의 사랑과 애착이 잘 형성되지 않으면 뇌가 위축되고, 애착이 잘 형성된 아이에 비해 뇌가 발달하지 않습니다. '아빠 효과'라는 말이 있는 것처럼, 아이에게 아빠는 '세상을 보는 창'이라고 생각합니다.

'좋은 아빠'에 대한 해답이 있을까 싶지만 항상 아빠가 아이에게 미치는 영향을 생각하며 아이와 가족이 행복한 생활을 할 수 있도록 노력하는 아빠가 좋은 아빠가 아닐까 생각합니다. 저는 아이가 하고 싶은 일을 하며 행복감을 느끼고 감사함을 알고, 어려운 사람들에게 나눔을 실천할 수 있는 아이가 되었으면 좋겠습니다.

좋은 아빠가 되기 위한 노력들

좋은 아빠가 되기 위해 제가 노력하는 것들이 있습니다. 육아에 관심을 가지며 보게 된 육아 책, 가입한 카페 등을 보면 '육아란 단순히 아이를 재미있게 해주는 것이 아니라, 아이와 아빠 모두가 즐겁게 놀이를 하면 저절로 이루어진다.'는 것이었습니다. 보통 아빠들은 퇴근 후 피곤하다는 이유로 아이와 노는 것을 주말로 미루는 경우가 있는데 저는 다음의 세 가지는 꼭 하려고 노력합니다.

첫째, 아이와 함께 목욕하기
둘째, 잠자기 전에 책 한 권 읽어주기
셋째, 하루에 한 시간 놀아주기

유치원 친구들의 이야기, 회사에서 있었던 일들을 이야기하며 식사를 하고 식사 후에는 만들기 놀이, 책 보기, 몸싸움, 숨바꼭질, 아이가 원하는 놀이 등을 하며 지냅니다. 주말에는 아이와 둘이 놀이공원, 놀이터, 문화센터, 가족 여행 등을 하며 시간을 보내고 있습니다. 놀이를 하다 보면 아이가 무엇을 원하는지, 무엇이 필요한지가 보이게 됩니다. 아이의 연령에 맞게 아이에 눈높이에 맞게 놀아주는 것이 가장 좋은 방법인 것 같습니다.

많은 어른들은 표현에 인색하고, 아빠들은 더욱 더 표현에 인색합니다. 부모가 적극적으로 표현을 함으로써 아이도 감정 표현에 충실해지고 올바른 선택을 할 수 있습니다.

육아에서 가장 중요한 것은 긍정적인 생각과 노력입니다. 아빠는 아이에게 '삶의 거울'이 되며, 늘 긍정적으로 아이에게 대하는 것이 아이의 자존감 및 인격 형성에도 좋은 영향을 미치기 때문에 저는 항상 긍정적으로 생각하고자 노력하고 있습니다.

'공언'을 통해 직장과 가정의 균형을 찾다

직장생활을 하며 육아에 적극적으로 참여하는 것은 시간적으로도 육체적으로도 힘듭니다. 그래서 저는 출퇴근시간을 활용해서 육아에 대한 정보를 수집합니다. 또 '육아를 적극적으로 하는 아빠'로 동료들에게 받아들여지다 보니 이제는 회식 중간에 빠져나오기가 수월해졌습니다. 퇴근길에는 잠시라도 잠을 청해 피로를 달래고 있습니다.

어떤 기업은 일주일에 특정한 날을 정해 기혼자들에게 육아에 참여할 수 있도록 정시 퇴근, 저녁 만들기 재료 등을 지원해주는 프로그램, 직장 유치원 등 다양한 문화들이 정착되어가고 있다고 합니다. 이러한 문화들이 확산되었으면 좋겠습니다.

아빠들을 향한 마지막 메시지

'굿 대디', '프렌디 대디', '스칸디 대디' 등의 신조어가 등장하고 〈아빠, 어디 가?〉라는 예능 프로그램 등을 통해 최근에는 아빠의 이미지가 많이 바뀌는 것 같습니다. 인터넷, 책 등 다양한 정보들이 넘쳐나는 요즘, 조금만 시간을 투자해 '좋은 아빠' '아빠 육아'에 도전해보는 건 어떨까요?

하루 10분 대화, 아빠와 아이를 이어주다

아빠는 아이와 하루에 적어도 10분은 제대로 된 이야기를 하도록 해야 한다. 아이와 신뢰가 잘 형성되어 있다면 아이를 키우면서 생기는 대부분의 문제는 대화로 쉽게 해결된다. 사람들 사이에 오해가 생기고 문제가 생기는 이유는 서로 대화를 하지 않아서이다. 상대방의 사정이나 성격을 알게 되면 대부분 서로를 이해하게 된다. 만약 직장에서 내가 하는 말에 집중을 잘 하지도 못하고 다른 생각만 하는 것으로 보이는 부하가 있다면 나를 무시하는 게 아닌가 하고 생각할 수 있다. 하지만 부하의 아들이 지금 아프고 힘든 상황이라는 것을 대화를 통해 알게 된다면 왜 그랬는지 이해하게 된다.

부모와 아이 사이도 마찬가지다. 그래서 나는 아이에게 내 사정을 자주 말해주려고 노력한다. 특히 아들이나 딸과 한 약속을 어기게 되었을 때 왜 약속을 못 지켰는지, 회사에서 어떤 일이 있었는지 말해준다. 집안 경제 이야기도 해주고 아빠 엄마가 어렸을 때의 이야기도 해준다. 그러면 아들도 자연스럽게 학교에서 있었던 일도 이야기하고 자신의 고민도 털어놓게 된다.

　아이가 어릴 때에야 유치원에서 배운 노래도 집에 와서 부르고 종알종알 이야기도 하지만, 아이들은 클수록 입을 다문다. 그러나 대화를 많이 하면 소통의 창구가 닫히지 않는다. 평소 대화가 많으면 아이들은 부모님이 가족을 위해 얼마나 고생하는지, 자신을 얼마나 사랑하는지 알고 있으므로 자신도 부모에게 걱정을 끼치지 않으려고 한다.

　부모와 아이 사이에 끈끈한 애착이 형성되어 있다면 별다른 문제가 생기지 않는다. 애착이 형성되었다는 것은 서로 믿는다는 것이고, 신뢰가 있다는 말은 서로를 잘 알고 있다는 것이다. 아이와 이야기를 하다 보면 '우리 아이가 학교생활을 하면서 이런 힘든 점이 있구나. 친구와는 이러한 문제가 있구나. 학원에 다니는 것을 이렇게 힘들어하는구나. 우리 아이는 나를 닮아 자존심이 세구나. 우리 아이는 만들기를 좋아하는구나.'와 같이 많은 것을 알게 된다. 아이들도 마찬가지다. '우리 아빠는 초등학생 때 배우고 싶은 것이 있어도 못 배우셨구나. 우리 아빠는 바빠도 나와 같이 있고 싶어 하는구나. 아빠도 회사에서 힘든 일이 많구나.'라고 생각하게 되면서 아빠를 이해하게 되고 철도 든다. 어떤 관계든 사랑이 잘 흐르게 하기 위해서는 진정한 소통이 필요하다.

　누구나 자신의 말을 잘 들어주는 사람과 이야기하는 것을 좋아한다. 아이들과 이야기할 때 역시 아이의 말을 잘 들어줘야 한다. 아이가 하는 말을 들어주고 자신의 이야기도 해주고, 아이 말에 맞장구도 치면서 이야기하는 게 진짜 대화하는 것이다. 어떤 아빠들을 보면 아이와 이야기하라고 했더니 아이를 앞혀놓고 인생교육을 시키면서 일방적으로 설교를 하거나 끝내는 공부하라는 잔소리만 늘어놓기도 한다. 이것은 아이와 대화하는 방법을 모르기 때문이다. 아이랑 자주 대화하지 않으면 어떤 말을 해야 할지 모르지만, 같이 시간을 자주 보낼수록 공통의 화제가 많이 생기게 된다. 갓 돌이 된 아이도 사랑받거나 자신이 원하는 것을 얻기 위해 몸짓으로 거짓말을 한다고 한다. 아이가 진실로 이야기하는 것인지 아닌지는 눈을 봐야 알 수 있다. 그만큼 눈을 마주치면서 이야기하는 것은 중요하다.

두 번째로 누구와 대화하든 중요한 것은 공감이다. 대화를 할 때 남자들은 보통 해결책을 제시하려고 하고 여자들은 공감을 원한다는 말이 있지만 성별이나 나이와 관계없이 누구나 공감을 받고 싶은 마음은 마찬가지다. 남자든, 여자든, 아이든, 부모든 공감해주면 화났던 사람도 화가 수그러들고 인정받고 싶었던 사람도 마음이 채워진다.

이처럼 "우리 민성이가 화가 났구나, 정말 힘들었겠구나."와 같은 공감이 필요하지만 때로는 계속 공감을 해주다 보면 아이가 점점 말대꾸를 많이 하는 것 같다고 느껴지는 때도 있다. 이렇게 아이가 부모에게 말대꾸를 시작하는 순간은 부모와 아이가 앞으로 더 가까워질 수 있느냐 없느냐를 결정짓는 갈림길이다. 부모의 말에 대꾸를 시작한다는 것은 스스로 사고하기 시작했다는 것을 의미한다. 이때는 말대꾸가 부모에 대한 불만의 신호인지, 공감을 받고 싶어서인지, 대화의 예절을 몰라서인지를 잘 살펴봐야 한다. 아이가 공감을 필요로 하면 공감을 해준다. 그런데도 아이의 말대꾸나 짜증이 심해지면 반대로 내가 너무 아이를 받아주고 허용해준 것은 아닌지 생각해봐야 한다. 아이를 수용해주는 것과 단호한 훈육은 조화를 이루어야 하기 때문이다. 아이는 자신을 받아주는 사람을 계속 이기려고 하는 경향이 있다. 이것은 아이가 짜증을 내거나 떼쓰거나 우는 식의 반항을 했을 때 결국 부모가 아이가 원하는 것을 다 들어주었기 때문일 확률이 높다. 즉 아이와의 기 싸움에서 밀려 항상 받아줬던 것이다.

아이가 말대꾸를 하기 시작하면 일단 그것이 불만의 신호인지, 공감을 원하는 것인지, 예절을 가르쳐야 하는 상황인지 판단하고 적절한 행동을 취해야 한다. 아이를 키울 때는 매 순간 선택과 판단을 해야 한다. 아빠가 아이에 대해 알아갈수록 아빠는 아이에게 많은 것을 배워가고, 아빠가 아이와 함께하는 시간이 많을수록 아이는 아빠의 모든 것을 하나씩 배워간다.

> **아빠 수업 톡! Talk?**
>
> 하루 10분, 꼭 아이와 대화하세요. 아이를 혼내고 잔소리하는 훈계가 아닌 진정한 대화 말이에요. 아이의 이야기를 잘 들어주고 맞장구쳐주는 아빠. 아이가 말대꾸할 때 어떤 신호인지 알아챌 수 있는 아빠가 되면 아이와 소통할 수 있답니다.

좋은 아빠 케이스 스토리 ;
아이가 세상에 나갈 준비를 시키다

저는 국방부 산하기관에서 근무하고 있는 안창근입니다. 20개월 된 연우와 엄마 뱃속에서 12월에 세상 구경을 할 준비를 하고 있는 번개와 함께 지내고 있습니다.

절실함을 느끼다

엄마가 아이를 뱃속에서 세상에 나오게 준비시키는 기간이 아홉 달이라면 아빠 역시도 아이가 세상에 나와 온전한 아빠가 될 때까지, 아이와 놀아줄 준비 기간이 아홉 달입니다.

저는 그 기간 동안 이리저리 이미지 트레이닝도 해보고 육아 관련 책도 찾아보고 했지만 직접적으로 저에게 멘토링을 해주고 동기 유발을 해줄 무엇인가가 필요했습니다. 그리고 인터넷

에서 찾기 시작했습니다. 많은 육아 카페에 가입을 하고 이런저런 정보를 닥치는 대로 수집해서 제 것으로 만들려고 했어요. 그중에서 '100인의 아빠단'과 '아빠 놀이학교'가 지금까지 저에게 남아 있네요.

아마도 제가 아빠 육아, 교육에 적극적으로 직접적인 이유는 '절실함'이었던 것 같습니다. 세상 모든 이치가 그렇겠지만, 정말 놓치고 싶지 않은 것, 내 인생에 가장 중요한 순간에 대한 준비이자 투자였습니다.

좋은 아빠 노릇, 힘들다?! 즐겁다?!

첫 아이가 있는 대부분의 가정에서 가족구성원은 3인으로 시작해서 동생이 생기면 4인이 되는 것이 일반적인 모습일 것입니다. 그렇다면 여기에서 아빠의 역할은 무엇일까요? 저는 중재자이자 카운슬링 파트너가 되어야 한다고 생각합니다. 아이가 아빠보다는 엄마와의 애착이 높은 경우가 사실상 많지만 그 관계에서도 항상 좋을 수는 없잖아요. 예를 들어 '아이가 밥을 안 먹어서 힘이 빠지는 엄마', 또 반대로 '말은 못 하지만, 엄마가 계속 같은 동요만 들려줘서 신경질이 난 아기' 같은 경우 대립적인 당사자들이 문제를 직접 해결하기에는 상황적 요건이 쉽지가 않습니다. 이런 경우 아빠의 역할이 가장 중요합니다. 엄마에게 고생한다는 제스처와 함께 '내가 해볼게.'와 같은 역할 교환을 제안해보고, 아이에게는 엄마와는 다른 시선으로 아이의 불편함을 찾으려고 노력해보았습니다. 막상 해보니 그것이 그리 어렵지 않다는 생각이 들더라고요.

지금도 이런 아빠의 책무를 잘 이해하려 노력하니, 사실 퇴근하고 집에 돌아왔을 때 예전에 아이가 없었을 때보다 집은 엉망이고 해야 할 일은 많지만 그렇다고 저희 부부가 화를 많이 내거나 청소 때문에 지치거나 하지는 않습니다. 아이로 인해 얻는 즐거움이라는 또 다른 '효용'이 있어서인 것 같습니다.

먼저 제 스타일을 말씀드리면 회사에서는 항상 문제점을 찾으려고 노력하는 스타일, 뭔가 항상 불만족스러운 것을 먼저 생각하는 스타일입니다. 그래서 주변인들뿐만 아니라 제 스스로도 항상 스트레스 안에 있는 것 같습니다. 그러나 아이가 생기고 나서는 조금 달라졌습니다. 이유는 너무 간단합니다. 사람이 머릿속에서 동시에 할 수 있는 생각은 그리 많지 않습니다. 저처럼 두뇌회전이 그저 그런 사람은 딱 한 가지밖에 생각하지 못합니다. 예전에 답도 없는 회사일 때문에 항상 신경질적이었다면 이제는 그런 생각을 할 시간에 아이 생각을 많이 합니다. '집에 가면 아이랑 무얼 하고 놀까? 쉬는 날에는 어디를 가볼까? 아이가 좋아하는 번개맨으로 옷을 만들어볼까? 아이 사진을 잘 찍어야 하는데, 어떻게 찍어볼까?' 등 머릿속에서 내가 좋아하는 생각을 하니 당연히 얼굴빛도 밝아지더라고요.

아빠가 할 일 : 엄마와 함께 하던 것, 엄마가 못해주는 것

저도 아이와 시간을 보낼 때 무엇을 해야 하는지 고민하시는 분들께 가끔 자문을 해드렸는데, 답은 간단합니다.

엄마가 아이에게 하는 것을 아빠가 해주면 대부분 해결됩니다. 엄마랑 가던 문화센터나 체육수업을 아빠가 같이 갑니다. 그러면 엄마는 그동안 좀 쉴 수 있죠. 아이 역시 다른 친구들은 모두 엄마들과 왔는데 자기는 아빠랑 왔다는 이유로 어깨에 힘이 들어갑니다(우리 아이는 10개월 조금 넘었을 때부터 가끔 제가 갔는데 정말 아빠랑 가면 엄청 활발해지더라고요.).

다음은 엄마가 못 하는 것을 찾아서 해줍니다. 엄마가 많이 할 수 없는, 몸으로 하는 놀이를 주로 합니다. 간단하게는 공 주고받기, 공원에서 달리기, 자전거 타기, 아빠 몸으로 그네 태워주기 등을 통해 유아기 때 필요한 소근육 발달과 신체놀이를 통한 체력과 규칙 익히기를 자연스럽게 알려주려 노력합니다.

그리고 아빠만의 고민을 조금 하면 아이와 함께 시간 보내기가 편해집니다. 예를 들어 저 같은 경우에는 퇴근하기 전에 회사에서 캐릭터 얼굴을 출력하고 코팅해서 가면을 만들어 간다든지 아이가 좋아하는 번개맨으로 티셔츠를 만들어준다든지 등의 활동으로 아이의 호기심을 최대한 자극해 봅니다. 그러한 아빠의 고민과 준비가 아이와 함께 있을 때의 시간을 더 즐겁고 편하게 만들어줍니다.

레이니다스 & 정약용형 아빠

저는 아빠 육아란 온전히 아빠만이 할 수 있는 육아, 다시 말하면 엄마 육아에서 할 수 없거나 부족한 부분을 하는 것이며 이것이 아빠가 육아에 참여하는 가장 이상적인 모습이라고 생각합니다.

조금은 다른 이야기지만, 영화 《300》을 보면 스파르타의 왕 '레이니다스'는 아들에게 검투를 가르치고 사자와 싸우는 법을 알려줍니다. 또 정약용은 유배생활 동안 어린 자식들에게 수많은 편지로 세상의 이치와 도리를 알려줍니다. 이런 육아는 그 시대에는 온전히 아빠들의 육아였습니다. 지금이라고 해서 이런 아빠의 역할이 크게 달라지지는 않았습니다. 다만 그 중요성이 부각되지 않기에 그 역할을 굳이 찾아야만 하는 상황이 된 거죠.

아이들은 아빠를 보면서 세상에 나갈 준비를 합니다. 아빠를 통해 남성성을 익히고 가장의 역할과 책임을 이해하고, 사회인으로서의 모델링 작업도 하죠. 이런 과정을 통해서 아이들은 건전한 사회인으로 거듭나고, 그 과정에는 반드시 올바른 아빠상을 가진 아빠가 필요합니다.

직장일과 가정일의 균형점을 찾는 방법

저는 이 부분에서 아빠들에게 적극성을 주문하고 싶습니다. 물론 회사일도 중요합니다. 그만큼 중요한 일이 어디에 있겠습니까? 굳이 있다면 아이와 놀아주는 일 정도지요. 이 부분이 틀렸다고 생각하는 아빠가 있다면 자신에게 무엇이 제일 중요한지를 계속 자문해보시면 언젠가는 답을 찾을 수 있을 겁니다.

회사일을 제대로 못하거나 늦어지면 분명히 문제가 생기지만 아이들과의 약속이나 놀이를 같이하는 것 역시 제대로 못하거나 늦어지면 계속 문제가 됩니다. 세상 모든 일에는 '관성의 법칙'이 존재합니다. 한번 시작해서 습관이 된 것들은 쉽게 그만두지 못합니다. 회사일이나 아이들과의 놀이도 마찬가지입니다. 언제부터 회사일을 그렇게 열심히 했습니까? 제 이야기를 해보겠습니다. 예전에 저는 일주일에 7일을 출근했고 12시 전에 퇴근해본 적이 거의 없었습니다. 나름대로 업무에 대한 인정도 받았고요. 그런 생활을 하다가 다음 직장으로 옮겨야 하는 상황에서 제일 먼저 확인해본 것이 야근을 하는 직장인지의 여부였습니다. 그동안 힘들었던 것을 되풀이하고 싶지는 않았습니다. 다행히 외국계 회사라서 야근을 많이 하지 않았습니다. 그러다가 아이가 태어날 때쯤 또 회사를 옮기고 싶어졌습니다. 예전에 비하면 야근이 별로 없었지만 그조차도 안 했으면 하는 바람이 생겼습니다. 지금 다니는 회사는 금전적 보상은 많이 약해졌지만 소위 말하는 '칼퇴근'을 합니다. 대신 아이와의 시간을 충분히 확보했습니다.

우리 아빠들도 조금씩만 생각을 바꾸면 아이와 놀아주는 시간이 늘어나지 않을까 합니다. 세상에는 중요한 것이 많지만 아이들과의 시간만큼 중요한 것은 그리 많지 않습니다.

세상의 아빠들에게

아이는 단순히 키우는 존재가 아닙니다. 아이들을 통해 아빠들 역시도 성장하고, 아이들의 눈높이에서 세상을 다르게 생각해보게 됩니다. 이렇게 아이들은 부모에게 또 하나의 선생 역할도 합니다. '소금과 아버지는 그것이 사라지고 나서야 그 소중함을 안다.'라는 격언이 있습니다. 정말 중요한 것은 그때는 잘 모르는 법이죠. 아버지, 아빠라는 존재가 왜 중요할까요? 아이들이 그렇게 만들기 때문입니다. 아버지를 아버지답게 만드는 것은 아이가 아닌가 생각해봅니다. 아이와 같이 고민하고, 세상에 대한 질서를 알려주고 또 되새기면서 아이와 아빠가 같이 성장해갑니다.

각자 주어진 환경과 여건은 다르지만 하루 10분도 좋고, 두 시간이면 더 좋습니다. 지금이 정말 소중한 시간이라는 것을 생각하면서 주어진 시간에 아이와 같이 할 수 있는 무엇인가를 함께 하세요! 그것이 지금 아빠들이 아이들에게 할 수 있는 육아의 시작이라 생각합니다.

미션
13

하루 10분 놀이, 아빠와 아이가 교감하다

퇴근하면 가장 먼저 반겨주는 사람은 아들 민성이와 딸 민지이다. 잘 해주지도 못하는 아빠인데 뭐가 그렇게 좋은지 "아빠!"를 외치며 달려오는 남매가 사랑스럽다. 옷을 갈아입지도 못하게 아이들은 내게 매달리고 종알대기 시작한다. 아빠와 데면데면한 아이들도 있다는데, 민성이와 민지는 나를 멀게만 느끼지는 않는구나, 하며 가슴을 쓸어내린다. 한번 멀어지면 다시 회복되어도 상처는 남기 마련이고 비 온 뒤에 땅이 굳어진다지만 굳어지기보다 작은 압력에도 무너져 내리는 모래성이 되어 있는 모습을 많이 보아왔다. 최근에는 주변에서 그런 모습들이 더 많이 보였다. 서로 상처받기 전에 아이와도 아내와도 동료들과도 잘 지내는 것이 좋은 인간관계의 기본이다.

많은 아빠들이 쓴 글들을 보며 아빠가 놀아주는 것과 엄마가 놀아주는 것은 무척 다르다는 것을 알게 되었다. 아이들은 항상 아빠와의 놀이에 목말라 있다. 아이는 에너지가 넘치고 아빠는 지쳐 있을 때가 대부분이므로 놀아주는 것은 참 힘이 빠지는 일이다. 차라리 조용히 앉아서 아이에게 수학문제를 어떻게 푸는지 알려주는 게 몸으로 부대끼고 집 안을 뛰어다니는 일보다 더 낫지 않을까 생각하기도 했다.

아이와 놀아줄 때, 걱정이 많고 세심한 엄마들은 이것저것 아이들에게 하지 말라는 것이 많다. 그런데 아빠는 옷에 흙이 묻는 것 정도는 개의치 않고 위험하진 않을까 걱정하지 않고 격정적으로 온 에너지를 다해서 놀아준다. 그래서인지 주말에 아이들은 엄마랑 하루 종일 놀았던 날도 아빠인 내가 놀자고 하면 '앗싸!' 하고 소리를 지른다. 특히 아들 민성이가 말이다. 아빠와 그렇게 역동적으로 놀면 모험심도 길러지고, 아이는 실패에 어떻게 대처해야 하는지도 알게 된다. 또 아빠의 낮은 중저음 목소리는 엄마의 고음과 달리 아이가 편안하게 느낀다.

보통 아빠는 아이 옆에 있는 것이 아이랑 놀아주는 것이라고 생각한다. 그래서 자신은 스마트폰으로 게임을 하거나 TV를 보면서 자기 할 일을 하고, 아이는 옆에서 장난감을 가지고 놀거나 책을 보고 있다. 그러나 그것은 단지 소극적 보호일 뿐 아이와 노는 것이 아니다.

아이와 놀아줘야 한다고 결심했을 때 처음에는 어떻게 놀아줘야 할지 막막했다. 내가 창의적이지 못한 탓이라 생각하며 자책하기도 했던 듯하다. 하지만 처음에는 막막하지만 생각하다 보면 무궁무진하게 많은 놀이가 있다. 어릴 적 친구들하고 뭐하고 놀지 숙제처럼 정한 것은 아니지 않았는가. 아무거나 하면 그게 다 놀이였으니 말이다.

놀이에 대해 부담을 가질 필요는 없다. 자기 전 이불을 깔아놓고 아이들을 이불에서 굴려주기만 해도 '김밥 놀이'가 된다. 아이에게 공만 하나 있어도 서로 주고받다가 달려가서 냉장고를 찍고 온 후 공을 먼저 집는 사람이 이기는 게임 등 여러 가지로 만들어 활용할 수 있다. 일터에서 집에 돌아가면 너무 피곤해서 몸도 꿈쩍할 수 없을 때가 있다. 그럴 때면 함께 누워서 '20초 있다가 눈 뜨기'를 해서 누가 더 20초에 정확하게 맞춰서 눈을 뜨는지와 같은 정적인 게임도 좋다. 또 아빠는 가만히 있고 아이만 운동량이 많은 놀이도 괜찮다. 예를 들어 '팔굽혀펴기 20개 도전', '공 두 개로 저글링 열 번 성공' 등으로 목표치를 제시해주고 '미션 임파서블'이라고 이름붙여 게임을 하도록 하는 것이다. 책을 머리 위에 얹어놓고 소파에서 냉장고까지 떨어뜨리지 않고 갔다 오기 같은 미션도 좋다. 아빠는 가만히 있으면서 아이가 땀을 뻘뻘 흘리며 승부욕과 도전정신, 인내력까지 기를 수 있다. 지켜봐주는 것이 곧 아이의 행동에 대한 최고의 피드백이기 때문이다.

아이는 하루에 평균 300번 웃고 어른은 7번 웃는다고 한다. 그러므로 아이들과 놀면 처음에는 피곤해서 귀찮다가도 저절로 웃음이 나오고 에너지가 충전된다. 정 놀이 방법이 생각나지 않으면 아이에게 놀이를 만들어 보라고 하면 의외로 재미있는 놀이를 생각해낸다. 또 요즘은 놀이에 관련된 책도 많다.

일찍 퇴근을 하기 힘들어서 어쩔 수 없는 경우도 많다. 절대적인 시간의 양을 확보할 수 없으면 시간의 질을 높이는 방법이 있다. 이는 워킹맘들의 육아법이기도 하다. 전업주부라고 해서 항상 아이와 함께한다고 생각하지만 꼭 그렇지도 않다. 따라서 서로 떨어져 있다가 저녁에 만나서 밀도 있게 시간을 보내면서 애착을 형성할 수도 있다. 마찬가지로 아빠도 주중에 바쁘면 주말에 더 압축적으로 아이와 시간을 보내면서 교감을 형성할 수 있다. 내가 좋은 아빠가 되기 위해 아이와 꼭 제대로 놀아주겠다고 마음먹으면 오히려 더 큰 부담감으로 와 닿을 수 있다. 퇴근 후 하루에 딱 10분만 놀아준다고 생각하면 부담감이 덜하다.

> **아빠 수업 톡! Talk?**
>
> 좋은 아빠는 하루에 10분이라도 시간을 내서 아이와 격정적으로 놀아줍니다. 아빠와 놀고 싶은 아이의 욕구를 해소시켜주는 것입니다.
>
> 아빠가 없는 아이가 아빠가 있는 아이를 가장 부러워하는 게 뭘까요? 아빠와 축구를 하고, 캐치볼을 하는 일, 함께 목욕탕에 가는 일입니다. 아빠이기 때문에 아이와 할 수 있는 일을 찾아서 해보세요.

좋은 아빠 케이스 스토리 ; 육아 휴직하는 아빠

19개월 딸 선율이와 함께 지낼 귀중한 1년의 육아 휴직을 얻은 서른한 살 아빠 이준걸입니다. 선율이가 만 19개월이 되던 지난 9월 17일 둘째인 아들 강이가 태어났습니다. 요즘은 이런 기회를 준 서울문화재단에 감사하는 마음으로 첫째의 육아를 전담하며 둘째 아이의 이름을 고민하고 있습니다. (강희로 정할 것 같네요^^)

육아 휴직을 하지 않으면 몰랐을 것들

육아 휴직을 시작하고 적응할 때 생각보다 쉽지 않아 고민했어요. 그런 와중에 '100인의 아빠단'을 알게 되었고 육아를 전담하고 나니 사람 만날 기회가 생각보다 많지 않아 저와 관심사가 비슷한 분들과 교류하고 싶어서 지원을 결심하게 되었습니다.

일단 딸아이랑 많이 친해졌습니다. 둘째의 임신으로 많이 힘들어하던 아내는 몸무게도 많이 늘고 혈색이 몰라보게 달라졌습니다. 집도 청소를 좀 더 자주 하고 가구 배치도 바꾸고 하니 더욱 쾌적해졌지요. 아이를 키우는 데 손이 얼마나 많이 가는지를 실제적으로 알게 된 점도 큰 변화입니다. 반면 제 사회생활 및 교우관계는 많이 줄어들었어요.

무엇보다 가장 큰 변화는 제가 아내의 일상과 주부의 역할을 체험해봄으로써 그 고됨이나 고민들을 정확하게 이해할 수 있게 됐다는 점입니다. 제때 아이 밥 먹이고, 청소하고 하는 일의 중요성, 밖에서 일하고 들어와서 '나도 수고했어~' 하고 집안일에서 한 발짝 물러나 있을 때는 몰랐던 것들이죠.

노력하는 아빠, 배워가는 아빠

아이가 아직 말을 잘할 나이가 아니라서 일단 저는 책을 읽어주고 만화영화를 보여주고 밖으로 나가서 아이가 다니는 대로 따라다니고 했어요. 아이가 먼저 원하는 것이나 관심을 보이는 것이 있으면 거기에 맞춰 반응하고 혼자 놀면 노는 것을 지켜보거나 그 상황을 서술해줘요. 육아 휴직을 하고 한 달쯤 되니 어색함은 없어졌는데 때로는 힘에 부치기도 하고 귀찮아지기도 하고 그랬어요.

아이에게 올바른 꾸중을 하기란 정말 어려운 것 같아요. 일단 뭔가 일이 발생하고 감정이 치밀어 오를 때 저는 '1단계 침묵 혹은 제지, 2단계 설명'이라는 원칙을 지키려고 노력합니다. 요즘은 아이가 어딘가에 정신이 팔리면 제 눈을 잘 바라보지 않으려 해서 설명 부분이 어렵기는 합니다. 그래도 계속해나가면 괜찮아지겠죠?

그림책을 읽어주는 시간이 없으면 아이가 놀이터에서 놀고 텔레비전만 보게 되더라고요. 차분한 분위기로 스킨십하며 놀기에는 책만 한 것이 없다고 생각해요. 아직은 선율이가 고르는 책들을 읽어주곤 하는데 제가 좀 더 적극적으로 골라주고 흥미로울 만한 것들을 제시해야겠다는 생각이 많이 듭니다.

그렇습니다. 결국은 모든 것에 있어 노력하고자 하는 의지가 중요한 것 같아요!

커다란 울타리 속에서 안정감과 자유로움을 동시에

엄마 아빠는 아이에게 동일한 영향력이 있다고 생각합니다. 아이는 부모를 보고 배우고, 아빠가 아이에게 보여주는 모습뿐만 아니라 자리를 비우는 것에도 많은 영향을 받을 테니까요.

19개월 아이와 서너 달 함께 지내보니 아이가 아빠를 당연하게 여기고 가끔은 주위 사람들의 서열에서 맨 아래에 놓기도 하는 것 같아 서운할 때도 있지만 언제나 곁에 있고 다 받아주는 '당연한 사람'이 주는 안정감이란 크게 중요하다고 생각합니다.

좋은 아빠는 적절한 높이의 울타리를 최대한 넓은 공간에 쳐주는 아빠가 아닐까요? 아이는 그 울타리 속에서 안정감을 느끼고 넓은 공간에서

도전하고 자유를 만끽할 수 있다고 생각해요. 그 속에서 아이가 안전하게, 그리고 최대한 자유롭게 컸으면 좋겠어요. 즐기는 법과 감사할 줄 아는 마음 정도는 가르쳐주고 싶네요.

육아 휴직, 그 불편한 진실

육아 휴직을 적극적으로 이용하셨으면 좋겠다고 말씀드리고 싶지만 생각보다 쉽지 않습니다. 직장 분위기도 물론이지만 남자의 육아 휴직율이 3%밖에 안 되는 이유는 직장 분위기때문만은 아닐 것입니다. 사회적인 관계나 커리어도 크게 단절되고 생활비도 걱정이거든요. 법적으로 보장이 된다고 해도 선뜻 결단을 내리긴 힘듭니다. 또 언제 쓰는 것이 좋을지 선택하기도 어렵죠. 대부분 아끼다 말곤 하지 않을까요.

그런데 일단 육아 휴직을 해보니 직장생활을 하면서 조금은 끌려다녔던 회식이나 불필요한 약속 등은 줄일 필요가 있겠다는 생각이 들더라고요. 육아 휴직까지 했는데 이젠 주위 사람들이 이해해주지 못할 이유도 없죠. 또 육아의 중요성도 체험하게 되니까요.

남자들은 기본적으로 임무가 주어지면 완수하고픈 욕구가 있습니다. 몇 시까지 뭐를 해달라고 요구하면 대부분 해내곤 하는 몰래 카메라 실험 등을 보셨을 거예요. 남은 기간이나 해야 할 일이 명확하지 않을 때, 좀 더 명확한 일들부터 해치워야 하고 집중하게 되는 게 당연하죠. 그러니 집안일, 육아도 (게임의 일일 퀘스트처럼) 단기 목표를 설정하고 하나씩 해치워나가는 느낌으로 해야겠다는 생각이 듭니다. 그렇지 않으면 정작 중요한 것이지만 회사일에 밀려버리죠. 이건 아내가 많이 도와주셔야 해요. 남자는 기본적으로 육아에 대해 정말 아무것도 모르거든요.

마지막 메시지
    제 아버지를 비롯해 세상의 모든 아빠들이 존경스러워요. 모든 아빠들이 육아 휴직을 자유롭게 쓰는 나라가 됐으면 좋겠습니다!

새로운 도전은 아이를 춤추게 한다

토요일 아침, 민성이와 민지가 "아빠~" 하며 침대로 파고들었다. 옆자리를 보니 아내는 벌써 일어나서 아침을 준비하고 있었다. 아침이라고 하기에는 좀 늦은 시간이었다. 나는 피곤이 겹겹이 쌓여 몸이 녹아내릴 것 같았다. 프로젝트 진행으로 온몸 구석구석에 긴장이 스며들어 있었던 탓이었다.

전과 비교했을 때 절대적으로 많은 시간을 아이들과 보내는 것은 아니다. 하지만 일과 가정의 줄타기를 잘 하는 행복한 아빠가 돼보자는 생각을 한 이후부터 상대적인 시간과 삶이 바뀌고 있었다. 그래도 오늘만큼은 정말 혼자 쉬고 싶었다. 하지만 민지가 와서 아빠를 부르니 나는 마음이 약해졌다.

"홍민지씨~ 오늘 뭐하고 싶어요?"

"아빠, 나 두발자전거 탈래!"

"민지야, 아직은 위험해."

"오빠도 타잖아. 우리 유치원 사과반 애들 다 탄단 말이야."

"벌써?"

"응. 나도 탈래."

"민지 너는 안 돼."

옆에서 민성이가 민지를 보고 깐죽대며 말했다.

"치. 오빠는 맨날 자전거 타고 돌아다닌단 말이야. 나만 빼고."

"그래. 민지야. 오늘 아빠랑 자전거 배우자."

"우와."

아내가 방으로 들어왔다.

"벌써 두발자전거야? 위험해."

"싫어. 아빠랑 오늘 자전거 타기로 했어. 나 두발자전거 탈 거야."

시계를 보니 아침 먹을 시간은 이미 지나고 점심시간이 다가오고 있었다. 나와 민지는 점심을 먹고 밖으로 나갈 채비를 했다.

"자, 홍민지. 준비 됐나?"

"응. 아빠. 나 두발자전거 타는 거야?"

"그래. 자, 아빠가 살살 손 뗄 거야. 달려볼까?"

자전거는 달리기 시작했다. 그런데 민지가 갑자기 울먹이기 시작했다.

"아빠. 아빠. 스톱! 스톱!"

"왜? 왜?"

"아빠, 나 무서워. 못 하겠어. 그만. 그만."

자전거를 멈췄다. 민지는 무섭다면서 자전거를 그만 타겠단다. 눈에 넣어도 안 아플 만큼 예쁜 딸 민지였다. 사실 민성이보다 민지가 더 예쁜 게 사실이었다. 아무래도 딸이어서 그런가 보다.
"민지야, 한 번 타보고 그만두려고 나온 거야? 무서워도 참고 타보자."
"싫어. 싫단 말야."
민지는 겁을 먹은 표정이었다.

타기 싫다고 하니 더 이상 억지로 타보라고 하지는 못하겠다 싶었다. 결국 그날 민지는 자전거를 못 배우고 집에 들어왔다.
새로운 것에 도전할 때 부모가 어떤 모습을 보이느냐에 따라 아이가 나중에 새로운 것에 도전을 할 수 있느냐 없느냐가 결정된다. 아이가 싫다고 하는데 억지로 시키는 것도 강압적인 부모일 것 같아 이런 순간이 올 때마다 매번 어떻게 해야 하는지 고민이다. 친구나 오빠가 부러워서 자전거를 탄다고는 했지만 보조바퀴도 없이 두 발로만 된 자전거가 쓰러질 것 같고 흔들거리면 얼마나 무서울까 하는 생각이 들었다. 새로운 것을 시도할 때는 어른도 두려운 것이 보통이다. 마찬가지로 아이도 두렵다. 하지만 아이가 위험할까 봐 걱정되어 바로 그만두게 하는 것보다는 단호하게 응원해주는 것 역시 필요하다. 한 번 도전했다가 실패하면 나중에 또 새로운 것에 도전했다가도 금방 포기할 수 있다. 새로운 시도에는 훈육과 격려, 즉 당근과 채찍이 필요하다. 인생은 배움과 도전의 연속이다. 그런데 민지의 첫 도전에서 나약하게 만들어버렸다는 생각이 들었다. 나는 다음 날 다시 민지를 불렀다.
"민지야. 아빠랑 자전거 타러 나가자."
"싫어, 나 자전거 무서워. 그냥 안 탈래."
"민지야. 민지는 충분히 두발자전거 탈 수 있어. 아빠가 도와줄게. 자전거를 타고 다니면 얼마나 신나는지 알아?"

민지는 가만히 있었다. 고민하는 것 같았다.

"민지가 두발자전거를 배우면 오빠랑 같이 타고 다닐 수 있어. 엄청 재밌지 않을까?"

이제 거의 넘어왔다.

"민지가 충분히 할 수 있는데 포기하면 아빠는 속상할 것 같아."

"알았어. 해볼게."

나와 민지의 자전거 타기는 어떻게 됐을까? 물론 성공했다! 아마 민지는 그날 굉장히 큰 것을 배웠을 것이다. 나 역시 마찬가지다. 단호한 응원이란 격려와 훈육으로 손짓하는 것이라는 것을, 그런 역할을 해야 하는 사람이 바로 부모라는 것을 말이다. 똑같이 아이를 들어 올려도 엄마가 체감하는 높이와 아빠가 체감하는 높이가 다르다고 한다. 따라서 새로운 것을 도전하도록 격려하는 역할은 아빠가 제격이다.

아빠 수업 톡! Talk?

새로운 것에 도전할 때 아이는 망설이게 됩니다. 아이에게 단호한 응원과 따뜻한 격려를 해주세요. 그리고 방법을 구체적으로 알려주어 도전에 성공할 수 있게 만들어주세요. 작은 성공이 계속되면 아이의 자존감은 올라갑니다. 그리하여 자신이 정말 하고 싶은 일에 도전할 수 있는 사람이 됩니다. 도전과 인내, 성공은 습관입니다. 오늘 아이와 어떤 것에 도전해보실래요?

좋은 아빠 케이스 스토리 ;
일하는 목적을 잊지 않으면 우선순위를 알게 된다

대숲 맑은 담양이라는 작은 시골마을에서 태어나 33년 동안 살아온 지호 아빠 송현민입니다. 저는 현재 플랜트 관련 업체에서 근무하고 있는 직장인인데요. 저희 집에는 18개월 된 아들과 저보다 네 살 연상인 아내, 그리고 어머님이 함께 살고 있습니다.

좋은 아빠가 되고 싶었지만 민망했던 아빠
처음 '100인의 아빠단'에 지원하게 된 계기는 결혼 전 조카를 잠깐 잠깐 혼자 봐준 적은 있었지만, 내 아이를 직접 키워본 적도 없고, 그렇다고 주변 아이의 엄마들에게 물어보기도 민망했기 때문입니다. 그래서 인터넷을 통해서 우리 아이에게 어떻게 해줘야 바른 육아가 될지 찾던 중 우연히 '100인의 아빠단'을 알게 되어서 지원하게 되었습니다.

나만을 위한 일상에서 아이와 함께하는 일상으로

육아에 적극적으로 참여하면서 모든 게 변했어요! 그 전에는 저를 위한 일상이었지요. 예를 들면 운동을 좋아하다 보니 주말에는 항상 운동만 했어요. 아침에는 축구하러 가고 점심에는 농구하러 가고 저녁에는 볼링장에서 살았으니까요. 하지만 지금은 회사에서도 정시 퇴근하여 아이를 어린이집에서 데리고 온 뒤로는 늦게 퇴근하는 아내를 대신해서 제가 모든 육아를 전담하고 있어요. 그리고 사람을 좋아해서 사람 만나는 일이 많았던 일상이 오로지 우리 아이와의 시간들로 채워졌고, 술을 마시는 일도 없어졌어요. 아이도 어린이집에서 놀다가도 아빠가 올 시간이 되면 선생님과 함께 밖에 나와서 기다리자고 한다고 하더라고요. (웃음)

아이와 시간을 보낼 때 처음에는 아이가 어려서 옆에서 동요를 불러주거나 책을 보여주며 아이가 책과 가까워질 수 있도록 많이 노력했습니다. 요즘은 아이가 걸어 다니다 보니 책도 읽어주지만 함께 공원 같은 곳을 돌아다니면서 아이의 활동적인 성향을 키워주려고 노력하고 있습니다.

노력하면서 찾아가는 정답, 좋은 아빠

좋은 아빠란 어떤 아빠인지에 정답은 없는 것 같아요. 하지만 아이가 커가면서 좋은 아빠는 어떤 아빠일지 끊임없이 고민해봅니다. 아이가 무엇을 원하는지, 원하는 것을 어떻게 아이에게 좋은 방향으로 이끌어줄 수 있는지 알아가려고 노력한다면 현명하고 똑똑한 아빠에 가까워질 수 있다고 생각해요. 그것을 넘어서 아이와 함께하는 모든 것들을 행복하게 느끼고 즐길 줄 아는 아빠가 좋은 아빠가 아닐까 생각해봅니다.

그래서 저도 나름대로 노력을 하고 있습니다. 어릴 적 많은 어르신들이 그래왔듯이 저희 부모님도 저를 사랑하셨지만 표현하는 것은 부족했습니다. 그래서 저 역시도 사랑을 표현하는 것이 아직도 어색해요. 하지만 우리 아이는 그러지 않았으면 해서 최대한 사랑 표현을 많이 하고자 노력하고 있습니다. 또 아직 아이와 정확한 의사소통은 되지 않지만 그래도 아빠와 떨어져 있는 시간에도 아빠가 아이와 함께한다는 것을 알려주고 싶어서 자주 전화를 하는 편입니다.

'아이는 어른의 거울이다'라는 격언도 있듯이 아빠가 좋은 사람, 다정한 사람이 된다면 그 아이도 행복하고 따뜻한 아이로 자연스럽게 성장해 갈 것이라 생각합니다.

직장생활에 대한 관점 디자인

생각의 차이인 것 같습니다. 저 역시 저희 회사에서 직급으로나 나이로나 가장 아래쪽에 속한 편입니다. 하지만 당당하게 회사에 말씀드려서 정시에 퇴근하고 있습니다. 물론 초반에는 애로사항도 많이 있었지요! 하지만 아빠가 직장에서 돈을 버는 것도 결국 아이와 가정을 위해서 버는 것이

니, 조금만 감수하고 노력한다면 충분히 가능하다고 생각합니다. 직장인 아빠들의 대부분은 직장에서 스트레스를 받는다며, 술 한 잔 하고 들어간다고 하십니다. 하지만 그 스트레스를 아이와 함

께 놀아주면서 풀어보는 것도 좋은 방법이라 생각합니다. 아이의 웃음소리를 듣고 아이를 꼬옥 안으면 스트레스가 정말 눈 녹듯 사라지는 경우가 많거든요.

아빠들을 향한 메시지

아이가 잘 커가는 모습을 지켜보는 건 아빠의 특권과도 같습니다. 다른 아빠들과는 좀 다르게 생활하지만 남들이 쳐다보고 비웃더라도 귀 기울이지 마세요. 우리에게는 사랑하는 아이와 가족이 있으니 말이에요. 그리고 이러한 아빠들이 많아지고 진정한 행복을 찾다 보면 사회 분위기도, 다른 아빠들도 점점 변해갈 거예요.

책벌레는 아빠가 만든다

아이에게 '독서력'을 길러줄 수 있다면 특별한 학원이 필요 없다. 책은 아이들의 호기심을 채워줄 수 있는 세상의 보물이다. 어릴 때부터 꾸준히 책을 읽는 습관을 만들면 지식의 습득은 물론 모든 공부의 기본이 되는 이해력, 추리력, 창의력을 기를 수 있을 뿐더러 인성교육도 저절로 된다.

하지만 요즘은 책을 읽기가 참 힘든 환경이다. 컴퓨터 게임, TV, 스마트폰 등 곳곳에 아이를 유혹하는 재미있는 것들이 가득하니, 몰입하는 데 에너지가 필요한 책읽기의 재미를 어디 쉽게 느낄 수 있으랴. 따라서 가정에서는 책을 읽을 수 있는 환경을 만들어주어야 한다.

부모는 책을 가까이하지 않으면서 "책 좀 읽어라."라고 잔소리하거나 전집 세트를 안겨주면서 돈 들여 책을 사줬더니 읽지 않는다고 혼내는 것은 아이가 책과 멀어지는 지름길이다. 책을 친구로 삼도록 만들어주는 미션을 소개한다.

❶ 책 읽어주기

아이에게 책을 읽어주는 것은 최고의 언어 재료를 아이에게 공급하는 과정이다. 아이들은 목소리로 직접 이야기를 듣는 것을 좋아한다. 책을 읽어주면 일단 아이는 책에 친근감을 느낀다. 배경지식이 생기고 어휘력도 늘어난다. 아빠의 목소리로 책을 읽어주는 것은 책과 가까워지는 첫 발걸음이다.

❷ 하루 10분 책 읽기

가정에서 다 같이 하루 10분 책 읽기 운동을 시작해보자. 아이는 온 가족이 함께 읽는 독서시간을 아이는 즐기게 된다. 가족들과 상의해 하루 10분을 정해 온 가족이 앉아서 책을 읽는다. 단 매일 해야 효과가 있다. 하루 10분씩만 책과 가까이 지내면 아이는 책읽기가 생활화된다. 책을 친구로 만들려면 무엇보다 가까운 곳에 책이 굴러다니게 해야 한다.

❸ 도서관, 서점 가기

신문이나 TV, 인터넷 등에서 추천도서 등을 함께 찾아보고 읽어보고 싶은 책으로 고른다. 그리고 함께 도서관에 가서 검색해서 책을 찾아 빌린다. 이 과정이 어릴 때부터 능숙해지면 책을 보는 안목이 생기고 자기가 직접 고른 책이므로 독서에 대한 책임감도 생긴다. 또 아빠와 아이가 도서관에 함께 갔을 때 "오늘은 도깨비가 들어간 책 다섯 권을 먼저 찾는 사람이 이기는 거다!"와 같이 특정한 단어가 들어간 책을 찾는 등 간단한 책 게임을 하는 것도 책에 대한 흥미를 불러일으키는 좋은 방법이다.

또 전집을 사주는 것보다는 서점에 가서 낱권씩 책을 사는 것을 아이들은 더 좋아한다. 주말에는 서점에 가서 가끔씩 책 쇼핑을 즐기면서 아이들이 어떤 분야를 좋아하는지 살펴보고, 독서 편식을 하지 않도록 다른 분야의 책도 권해주는 아빠가 되면 좋겠다.

❹ 책 데이 만들기

실제로 '책 데이'를 만들어 실천하고 있는 부모들이 있다. '책 데이'는 말 그대로 하루 종일 책만 읽는 날이다. 아이가 초등학교에 들어가고 나서는 스스로 읽는 시간이 더 많아진다. 그러면 한 달에 첫째 주, 셋째 주 토요일을 '책 데이'로 정해서 그날만큼은 온 가족이 아무것도 하지 않고 책만 읽는 것이다. 그날은 식사조차도 배달음식이나 간단한 음식을 먹으면서 책만 읽는다. 한 달에 한 번도 좋고 두 번도 좋다. 책을 장시간 읽으면 처음에는 지겹고 힘들 수도 있다. 하지만 아이만 읽는 것이 아니라 온 가족이 모두 읽는 데다가 하루이기 때문에, 아이는 이 하루를 통해 책에 장시간 몰입해 재미를 느끼는 방법을 익힐 수 있다. 집안일에 치여 책 한 권 읽지 못했던 부모에게도 소중한 자기계발의 시간이 된다.

❺ 거실 서재로 만들기

책을 읽을 시간을 만들고 아이가 책에 노출되는 환경을 만들어주려면 TV를 없애고 거실을 서재로 만드는 게 가장 좋다.

맨 처음 우리 집에서 TV를 없앴을 때에는 나도 모르게 TV를 찾기도 하고 뭔가 집이 조용하니까 안절부절 못했다. 그동안 스스로도 모르는 TV 중독이었던 것이다. 그런데 TV를 끄고 나서는 시간이 생겼다. 책도 더 읽게 되고, 글도 더 많이 쓰게 되고, 아이들이나 아내와 이야기도 더 많이 하게 되었다.

'몰입'은 삶이 고조되는 순간에 물 흐르듯 행동이 자연스럽게 이루어지는 느낌을 말한다. 쉽지는 않지만 그렇다고 아주 버겁지도 않은 과제를 극복하면서 한 사람이 자신의 실력을 온통 쏟아부을 때 나타나는 현상이다. 삶을 훌륭하게 가꾸어주는 것은 행복감이 아니라 깊이 빠져드는 몰입이라고 한다.

TV는 몰입에 빠져들기까지의 시간이 짧게 걸린다. 그래서 사람들은 쉽게 몰입감을 느끼기 위해 자신도 모르게 TV를 켠다. 그런데 몰입감의 최대치는 별로 높지 않다. 일이나 게임은 몰입에 빠져들기까지 시간이 더 걸리지만 몰입감은 훨씬 높다.

우리는 쉬면 행복해질 것이라고 생각하지만 자신이 하는 일에서 몰입을 더 많이 느끼면 행복감을 자주 느끼게 되고 삶의 질이 올라간다. 하지만 우리는 적극적이고 능동적인 취미활동이나 운동보다는 TV에 더 많은 시간을 쏟아붓고 있다. 왜일까? 몰입할 수 있는 활동은 하나같이 처음에 어느 정도 집중력을 발휘해야 그 다음부터 재미를 느낄 수 있기 때문이다. 복잡한 활동을 즐기려면 그런 '시동 에너지'를 확보해야 하는데, 너무 피곤하거나 귀찮거나 장벽을 극복할 수 있는 인내심이 부족한 사람은, 재미는 덜하더라도 더 편하게 택할 수 있는 대상으로 만족하게 된다. 그러니까 시동 에너지가 별로 필요하지 않고 어느 정도의 몰입감을 느낄 수 있는 TV를 찾는 것이다.

몰입감을 느끼면 도파민이라는 호르몬이 분비돼서 기분이 좋아지기 때문에 한번 몰입감을 느끼면 자꾸 느끼고 싶어진다. 어릴 때부터 TV나 스마트폰이 아닌 책으로부터 얻는 높은 몰입감을 느끼면 책 읽는 아이가 된다.

TV를 없애기 힘들면 처음에는 텔레비전을 놓는 위치만 다르게 해보자. 거실과 부엌 사이라든가 작은 방 등으로 텔레비전을 보기에 조금 불편한 자리에 놓으면 나중엔 오히려 텔레비전을 보는 게 귀찮다는 생각이 든다. 그리고 점차 거실을 서재로 만들어 책으로 채워나간다. 그렇게 하자 아이들도 우리 집 도서관이 생겼다고 무척이나 좋아했다. 이제는 아이들이 예쁘게 앉아서 책을 읽는 모습을 보면 뿌듯하고 행복하다.

> **아빠 수업 톡! Talk?**
>
> 아이가 책을 가까이하기를 원한다면 부모부터 책과 친구가 되세요. 텔레비전이 주인공인 거실이 아니라 가족들이 주인공인 거실, 하루 10분 책읽기를 실천하는 가족, 그리하여 책을 읽을 생각에 설레는 사람으로 아이를 키워보세요.

좋은 아빠 케이스 스토리 ;
가족과 함께하는 행복감으로 직장의 피로를 이기다

안녕하세요. 함영민(43세)입니다. 제 사랑하는 가족은 아내 이현주(42세), 초등학교 1학년인 여덟 살 딸아이 함윤서, 네 살 딸아이 함윤지, 두 살 아들 함윤수랍니다. http://autumn59.blog.me/

불임 부부에서 세 아이의 부모로

결혼을 하면 아이가 바로 생기는 줄 알았어요. 2003년 10월에 결혼하여 1년은 신혼 기분 낸다고 지나갔고, 이제 아이를 가져야겠다고 생각했으나 1년 동안 소식이 없더라고요. 그렇게 어느새 우리 부부에게 '불임 부부'라는 이름이 붙었고, 산부인과도 열심히 다녔으나 쉽지 않았죠. 그러다가 자연적으로 아이가 생겼어요. 아이를 간절히 바라다가 만나게 돼서인지 아이가 어떻게 자랐는지 역사로 남겨주고 싶어서 일기를 쓰기 시작했습니다. 태생 9주 1일부터는 매일 일기를 썼고, 태어난 후부터는 매일 사진도 한 장씩 찍어주었어요. 이어서 둘째가 태어나고 뜻하지 않았지만 셋째까지 키우고 있는 평범한 가족이 되었습니다. 정말 아이가 셋이나 될 줄은 전혀 몰랐습니다. 또 2006년에 시작한 일기를 지금까지 쓰게 될지도 몰랐습니다. 하지만 지금 생각하면 일기를 쓴 것도 잘한 일이고, 아이를 셋 낳은 것도 아주 잘한 것이라 여길 정도로 행복하게 잘 살고 있습니다.

아이가 어떻게 자랐으면 좋겠냐는 질문에는 늘 같은 답변을 합니다. 행복한 시간을 보내는 아이가 되었으면 좋겠습니다. 제가 매일 아이들의 일기를 쓰고 사진을 찍어주는 이유는 아이들이 어른이 되어서 힘든 일이 생겼을 때도 그 행복했던 시간들을 떠올리며 더욱 행복하기를 바라는 마음이 있기 때문입니다. 지금도 큰 아이가 제 블로그를 동생들과 함께 보며 즐거워하는 모습을 보면 저 또한 행복해집니다.

아이와의 놀 거리

제가 생각하는 좋은 아빠는 아이들과 함께 많은 시간을 보내는 아빠입니다. 최대한 아이들과 같이 시간을 보내면서 무엇인가를 하는 것이 좋다고 생각합니다. 그런데 아이들과 놀려고 할 때 매일 같은 것만 하게 되니 좀 더 새로운 놀 거리가 필요했어요. 그래서 '100인의 아빠단'에도 지원하게 되었어요.

저는 주로 큰아이와는 놀이를 하고 작은 아이들과는 몸 놀이를 합니다. 요즘 큰아이는 딱지치기를 좋아해서 그런 게임을 하고, 작은 아이들과는 말 태워주기를 합니다. 그 외에 아내는 쉬게 하고 아이들과 마트에 가서 놀이기구를 태워주거나 토끼와 물고기 구경을 하고요. 간식을 먹은 후에 놀이터에서 놀기도 합니다. 때로는 아이들에게 무엇을 하고 싶은지 물어보는데, 그때그때 하고 싶은 것들이 달라서 어려운 일이 아니라면 아이가 하고 싶은 것들을 함께 해주려고 합니다.

또 저는 항상 저녁을 아이들과 같이 먹습니다. 큰아이는 혼자 밥을 먹지만 네 살, 두 살 아이들의 밥은 제가 먹이죠. 잘 먹는 아이들의 모습을 보면 흐뭇합니다.

직장과 육아의 피로를 이겨내는 힘

특히나 이번에 '100인의 아빠단'에 지원하면서 아이들과 세 가지 약속을 했습니다. 그중에 하나가 아이들에게 매일 뽀뽀를 해주는 것이었습니다. 매일 밤 큰아이와 둘째 아이가 누우면 오늘도 수고했다고 말하고 뽀뽀를 해줍니다. 아이들도 제게 "아빠, 오늘도 수고 많으셨어요."라고 말해줍니다. 그럴 때면 제 하루의 피곤이 다 사라집니다.

많은 아빠들이 직장생활을 하면 피곤하니 육아를 하기가 힘들다고 말해요. 퇴근하고 집에 오면 피곤한 건 사실이죠. 하지만 아빠와 엄마가 10시쯤 하는 드라마 보기를 포기하고 9시쯤 아이들과 같이 잠자리에 들면 아침에 일어나도 전혀 피곤하지 않아요. 저는 그게 제일 중요하다고 생각합니다. 아이들도 늦게까지 놀면 피곤해요. 퇴근해서 저녁을 먹고 집도 치우고, 아이들과 같이 빨래를 널고 개고 같이 책도 읽고 쉬다가 씻겨주고 잠자리에 들면 충분히 쉬면서 아이들과 시간도 많이 보낼 수 있다고 생각합니다. 오히려 아이들과 함께하면서 일찍 자게 되고 규칙적인 생활을 하게 되었어요.

무엇보다도 아빠 육아를 하며 제일 달라진 점은 제 기분이 좋다는 것이에요. 아이들과 몸을 부비면서 놀거나 장난을 치면서 시간을 보내면 쉬지 못해서 피곤하거나 TV를 못 봐서 아쉬운 게 아니라, 저녁 시간이 오히려 더 즐거워지는 것 같아요. 집 안에 웃음소리가 이어지고 행복하다는 느낌이 듭니다. 이런 행복한 느낌이 아내와 나누는 대화에서도 이어지고, 직장생활에도 영향을 주었어요. 직장과 가정은 별개가 아니니까요. 가정에서 행복해야 직장에서도 행복할 수 있습니다.

아빠들에게 전하는 메시지

아빠의 인생에도 중요한 것들이 아주 많지요. 그러나 아이들만큼 중요한 것은 없다고 생각합니다. 그 중요한 아이들이 그들의 인생에서도 가장 중요한 시간을 보내고 있다고 생각하기 때문에, 지금 우리 아빠들이 해줄 수 있는 일이 아주 많습니다. 아이들과 시간을 보내는 것이 어렵다고 느끼신다면, 다른 아빠들은 어떻게 시간을 보내는지 찾아보면 도움을 얻을 수 있는 곳이 많습니다. 조금이라도 미루면 그 사이에 아이들은 벌써 크고 있 겠죠. 아이들에게 가장 필요한 것은 다름 아닌 같이 있어주는 아빠라고 생 각합니다.

진로 탐색, 아빠가 아이의 인생지도를 만들다

"아빠, 이거 모르겠어요."

민성이가 조그마한 덩치로 학습지를 풀고 있었다.

"그래? 뭘 모르겠어?"

"이거."

눈앞에 숫자들이 보였다. 아이는 요새 덧셈과 뺄셈을 배우고 있었다.

"민성아, 있잖아, 아빠가 민성이 주려고 사탕을 사왔어."

"진짜? 어디?"

"아니. 예를 든 거야. 그렇다고 생각해보자."

"아빠, 나 사탕 먹고 싶어."

"공부 끝나고 먹자. 아빠가 사탕을 두 개 사왔어. 그런데 엄마가 또 세 개를 사온 거야."

"우와, 세 개나? 엄마가 더 착하네?"

"아니, 지금 그 말이 아니잖아. 그럼 다 합해서 사탕이 몇 개가 됐지?"

"모르겠어."

"아니, 왜 그걸 몰라."

"아빠가 몇 개 사왔다고 했는지 까먹었어."

나는 그렇게 아들 민성이를 공부시키면서 황금 같은 토요일 오후를 보냈다. 답답해서 소리를 지르기도 하고 군밤을 주기도 하면서 겨우 학습지를 마무리했다. 식은땀이 다 났다.

"민성아, 아빠랑 공부하니까 좋지?"

아내가 뿌듯한 얼굴로 민성이에게 물었다. 앞으로도 민성이 공부를 열심히 가르쳐보라는 무언의 압박이었다. 나는 민성이와의 공부 씨름이 끝나고 깊은 낮잠을 한숨 자고 나서야 피로가 조금 풀리는 듯했다.

이게 바로 아들과 처음 공부를 시작했을 때의 모습이었다. 아들 공부를 직접 시킨다고 하면 주변에서 다들 대단하다고들 한다. 하지만 나도 정말 힘들었다. 특히 처음에는 욱해서 아이와 많이 싸우기도 했다. 그런데도 내가 아이와 함께 공부하는 것을 포기할 수 없었던 이유는 숙제를 도와주고 공부를 가르치면서 우리 아이가 어떤 아이인지 보이기 시작했기 때문이었다. 어떤 과목을 좋아하는지, 어떤 부분이 약한지, 어떤 성격인지까지 보이니 아이에 대해서 이해하게 됐다. 보통 학교나 학원에 공부를 맡겨버리면 엄마나 아빠는 아이가 어떤 수준인지도 모르고 몰아세우기만 한다. 그리고 아이는 더 스트레스를 받는다.

자기 아이에 대해 가장 잘 알 수 있는 사람은 부모이다. 꾸준히 관찰하면 아이가 보인다. "공부하게 문제집 좀 가져와라."라고 했을 때 어떤 과목부터 가져오는지를 본다. 이때 아이는 자기가 공부하는 데 재밌고 수월한 과목부터 꺼내기 마련이다. 서점이나 도서관에 갔을 때도 어떤 책을 먼저 집어 드는지 관찰한다. 과학 코너로 먼저 달려가는지 역사 코너로 먼저 달려가는지 보면 아이가 흥미를 느끼는 부분이 어딘지 알 수 있다. 어떤 부분에서 실수가 많은지, 원하는 결과를 얻었을 때의 반응은 어떤지 보면 아이의 성격이나 마음 상태도 알 수 있다.

잠재적 지능이라는 게 있다. 영철이와 민호 두 아이가 수학과목에서 똑같이 90점을 맞았다고 하자. 두 아이의 실력이 같을까? 강남에 사는 영철이는 열심히 사교육을 받고 공부를 해서 90점을 받은 것이고 섬에 사는 민호는 혼자 공부를 해서 90점을 받은 것이라면 똑같은 90점이어도 그 아이들의 실력이 같다고 말할 수 있을까?

그게 바로 잠재적 지능이다. '잠재적 지능'이란 고무줄이 늘어날 수 있는 정도처럼 현재의 실력보다 더 발전할 수 있는 정도, 잠재되어 있는 능력을 말한다. 아이와 함께 공부하지 않으면 우리는 눈에 보이는 능력만 가지고 아이를 평가한다. 하지만 아이와 함께 공부하면 내 아이의 잠재적 능력을 알게 되고 어떻게 하면 고무줄을 늘릴 수 있을지, 잠재적 지능의 값을 키워줄지 고민하게 된다.

고무줄이 끊어지지 않고 늘어날 수 있는 영역을 '근접발달영역(ZPD)'이라고 한다. 아이가 이해할 수 있는 범위 안에서 적절하게 늘려주는 공부를 할 때 아이의 잠재적 지능을 높일 수 있다. 함께 공부하면서 내 아이에 대해 알게 되면 적절한 문제집을 골라줄 수 있고 필요한 책도 권해줄 수 있다.

사교육이나 선행학습이 꼭 나쁜 것은 아니다. 먼저 공부해야 자신감이 생기는 성격이라거나, 이해하는 데 시간이 오래 걸린다거나, 여럿이 공부해야 능률이 오른다거나와 같이 아이의 성격이나 기질은 각각 다르다. 이러한 기질의 범위 내에서 사교육을 적절하게 이용하면 아이의 학습능률을 올릴 수 있다. 또 아이에 대해 모르고 무조건 학원을 보내는 것과 함께 숙제도 하고 공부도 하면서 아이를 알고 보내는 것은 결과가 전혀 다르다.

진로교육 역시 마찬가지다. 우리 아이가 어떤 아이인지 알아야 이런 일은 어떤지 저런 일은 어떤지 길을 제시해줄 수 있다. 우리 아들은 야구와 관련된 일을 하고 싶다고 한다. 하지만 운동신경이 좋지는 않다. 그러면 많은 부모들이 "넌 야구선수 못 해. 공부해서 좋은 대학을 가야지."라고 일축한다. 하지만 '야구'를 생각했을 때에는 야구선수만 있는 게 아니다. 야구 캐스터나 해설위원도 있고 스포츠 신문 기자도 있고 스포츠 뉴스를 전하는 전문 아나운서도 있다. 재활의학에 관련된 일도 있다. 내 아이의 관심사를 기점으로 하여 성격과 기질에 맞춰 선택지를 제시해주는 것은 아빠가 할 수 있는 진로지도이다.

우리 딸은 역사를 좋아한다. 그래서 역사학과를 가고 싶다고 하는데 역사학자라고 하면 많은 사람들이 사실 먹고살기가 막막하다고 생각한다. 그렇다고 "너 나중에 뭐 먹고 살려고 그래?" 하고 뜯어 말리면서 원하지도 않는 회사에 취직시키는 것이 정답은 아닐 것이다. 그렇게 해서 나중에 아이가 과연 행복하게 살 수 있을까? 그래서 나는 역사책도 읽고 토론도 하고 신문도 읽고 박물관도 가는 것과 같은 역사와 관련된 활동을 하며 딸과 함께 시간을 보냈다. 그러한 과정을 통해 내 딸 민지는 박물관 큐레이터가 되고 싶다고 했다가 이제는 잘못 기록된 역사들을 고치기 위해 문화관광부 장관이 되고 싶기도 하단다. 현재의 역사를 기록하는 사람이 곧 기자나 작가가 아니겠냐며 그런 일도 하고 싶다고 생각한다. 또 외국인들을 상대로 하는 역사관광 관련 프로그램과 한국어 교육이나 문화체험 프로그램을 만드는 사업을 해보고 싶다고도 말한다. 역사를 좋아한다고 하면 역사학자만 생각하지만, 정말 다양한 길이 많이 있다. 그러한 길을 함께 모색해주는 부모가 되어야 한다.

무작정 남을 따라서 장래희망을 정하고 학원을 보내는 것이 다가 아니다. 그렇다고 "네가 하고 싶은 걸 해라."라고 말하며 무관심을 자유로 착각하는 부모가 되면 안 된다. 함께 공부하고 조사하며 관심사를 확장시켜 나가는 것, 그러면서 인생의 지도를 함께 만들어가는 것이 진로지도이다. 또한 아빠가 세상을 보는 눈과 엄마가 보는 눈이 다르기 때문에 아이의 인생을 한쪽 부모에게만 맡기면 안 되고 진로교육은 부모가 함께 고민해야 하는 문제다.

> **아빠 수업 톡! Talk?**
>
> 아이의 잠재적 지능을 늘려주고 적성을 찾아주기 위해 아이와 함께 공부하는 시간을 가지세요. 아이에 대해 가장 잘 아는 방법은 함께 공부하는 것입니다.
> 깜깜한 밤바다에서 아이가 타고 있는 배에 줄을 묶어 끌고 가는 사람이 부모일까요? 아니면 아무 데나 찾아가보라고 하는 사람이 부모일까요? 둘 다 아닙니다. 부모는 깜깜한 곳에서 등대를 비춰주는 사람입니다. 희미하지만 방향과 형체를 알아볼 수 있다면 아이는 자신이 원하는 곳으로, 올바른 방향으로 배를 움직여 갈 것입니다.

좋은 아빠 케이스 스토리 ;
평범함 속에 비범함을 키워내는 인성교육

저는 전인효(6세), 전황효(3세), 1남 1녀를 둔 한 가장이자 회사원인 아빠 전수현(39세)입니다. 평범하게 살았지만 남들 하는 건 거의 다 하면서 살아왔던 것 같습니다. 즉 부모님은 자식이 왕따 당하지 않게 엄청난 노력을 하셨고, 고3을 거쳐 우수한 성적은 아니지만 4년제 지방대학을 졸업했고, 군대 만기전역, 취업, 결혼 그리고 1남 1녀의 자식을 둔 아빠가 되었습니다. 저의 경험을 통해 아이들에게도 행복하면서 즐겁고 자유로운 삶의 기회를 주고 싶습니다.

인성교육의 핵심, 아빠 교육

아빠가 육아와 교육에 참여하면 아이들에게 자신감과 책임감에 상당한 영향을 미칩니다. 뿐만 아니라 질서, 배려, 나눔, 긍정의 효과 역시 많습니다. 아이들에게 강한 자, 약한 자를 구분하는 힘도 가르쳐줍니다.

저희 아이들의 이름에 담겨 있듯이[어질 인(仁), 효도 효(孝), 봉황 황(凰), 효도 효(孝)] 저는 모든 일에는 인성이 우선이라고 생각합니다. 저는 저희 아이들이 인성이 바른 성인으로 자라서 뜻을 크게 이루었으면 합니다.

아빠와 함께한 아이들은 이상하게도 보기가 좋습니다. 그렇기에 제가 아이들과 함께하고 있는 것이 아닌가 생각합니다. 많은 아빠들이 아이들과 함께하면 아이들이 사교성, 사회성, 인성 등을 모두 두루 갖춰 이상적인 사회를 만들 수 있다고 생각합니다.

아이들과 시간 보내는 방법

아이와 시간을 보낼 때는 과거를 회상해봅니다. 제가 어렸을 적 동네 친구들과 뛰어다니고 사방치기, 술래잡기를 했던 기억들을 떠올리지요. 다만 이제는 노는 방법과 시대가 달라졌지요.

우선 아이들이 하고 싶은 것, 놀고 싶은 것을 말하면 아이들이 좋아하는 순서대로 합니다. 산책, 모래 놀이, 축구하기, 자전거 타기, 그림자 밟기, 가베 놀이, 신문지 놀이 등을 하며 시간을 보냅니다. 가베, 레고, 퍼즐을 하며 새로운 것에 도전할 수 있도록 격려해주고 용기를 줍니다. 학습지를 확인하고 같이 공부하기도 하고 잠자기 전에는 아이들과 책을 읽습니다. 아이들과 대화를 많이 하고 산책을 하며 긍정적인 생각을 갖고, 또 물려주기 위해 노력하고 있습니다.

'좋은 아빠 되기' 노력을 한 후…

집 안의 웃음소리가 밖으로 새어 나가고 아내와의 사이는 더욱 돈독해졌습니다. 아이들은 아빠를 먼저 찾았고 퇴근 후 멀리서 아이들의 소리가 들릴 때면 하루의 피로가 사라졌습니다. 회사에서는 회식이나 모임의 횟수를 줄여서 회사 동료들과 어울리는 시간이 줄어들기는 했지만 아이들과 함께하는 시간이 더 소중합니다. 아이들로부터 "우리 아빠 최고!"라는 말이 나오면 좋은 아빠가 되어가고 있는 게 아닌가 생각합니다.

아이는 기다려주지 않는다

풍수지탄(風樹之嘆)이라는 말이 있죠. 부모에게 효도하고자 하나 부모님은 이미 돌아가셨다는 뜻이에요. 아이들도 마찬가지입니다. 태어나서 10년이 지나면 놀고 싶어도 아이들만의 세상이 이미 형성되어 있어, 소통이 없으면 함께할 수 없습니다. 후에 아이들과의 소통 없이 외로운 시간을 보낼지 가족과 소통하고 즐거움을 향유할 것인지, 어떤 선택을 할지 생각해보십시오.

아이들과 놀아주고 싶어도 몰라서 못 하시는 아빠들은 주위를 둘러보세요. 할 수 있는 게 정말 많습니다. 인터넷 카페도 있고, 커뮤니티도 있고. 아이들과 놀고 싶은 의지와 열정을 가지면 할 수 있습니다. 아빠와 함께 노는 아이들의 웃는 미소는 일확천금을 주고도 살 수 없습니다. 자, 시작해보세요. 아이들과 놀기를!

아이가 손꼽아 기다리는
1:1 데이트 코스를 개발하라

"엄마와 있을 때는 괜찮은데 아빠와 있을 때는 어색하다.", "아빠와 있을 때는 괜찮은데 엄마와 있을 때는 어색하다."라는 아이들이 많다. 아빠는 아내가 있을 때는 적극적으로 행동할 필요가 없다고 여기기 쉽다. 그래서 아빠와 아이가 둘만 있을 때 아이와의 관계가 재편성되고 결정된다.

〈아빠, 어디 가?〉라는 프로에서는 엄마 없이 아빠와 아이 둘만 여행을 떠난다. 아이는 아빠에게만 의지해야 하고 아빠 역시 혼자서 아이를 돌봐야 한다. 온전하게 내 시간을 아이에게 주면서 둘만 함께하기 때문에 아빠와 아이의 사이가 더 가까워진다.

앞에서도 말했듯이 아들과 딸은 다르다. 아빠와 하고 싶은 것도 각각 다르다. 그러므로 아빠는 아들, 딸과 각각 비밀 약속을 하고 한 번은 아들만 데리고, 또 한 번은 딸만 데리고 외출을 해보자. 아들과는 자동차 매장을 구경한다든가 액션 영화를 보러 가거나 야구장에 가서 실컷 소리를 지른다. 딸과는 액세서리 구경을 하거나 인형을 사고 셀카도 찍고 좋아하는 음식도 함께 먹는다. 아빠는 아들과 딸 각각에게 필요한 것들을 1:1 데이트를 통해 전해줄 수 있다. 남자끼리만 통하는 게 있다. 아빠가 아들과 단둘이 있을 때 전해줄 수 있는 가치가 있다. 딸도 마찬가지다. 딸이 커갈 때 성교육을 하거나 커서 남편이 원하는 것이 무엇인지 알려주는 것도 1:1 데이트 시간이 적당하다.

형제, 자매는 서로를 좋아한다. 하지만 서로 질투도 많이 한다. 사랑과 시샘이 항상 공존하고 있다. 그래서 아이는 아빠의 사랑 또는 엄마의 사랑을 온전하게 받고 싶어 한다. 평소에 티격태격 싸우거나 갈등이 일어났을 때 공정하게 판단하는 것도 중요하지만 1:1 데이트를 하면서 어떠한 긴장도 없이 부모의 사랑을 듬뿍 받아보는 것도 중요하다.

이번 주말, 엄마도 다른 어떤 형제도 없이 아이와 단둘이 보내는 시간을 계획해보자.

아빠 수업 톡! Talk?

▶ 아들과 어떤 데이트를 해볼까?

▶ 딸과 어떤 데이트를 해볼까?

좋은 아빠 케이스 스토리 ;
좋은 아빠 길에 들어선 초보 아빠, 시작이 반이다

저는 연세대학교 경영대학원에 재학 중인 이택준이라고 합니다. 나이는 1985년생으로 현재 서른이고 제 아들은 2013년 8월생입니다. 약 3년간의 연애 끝에 2011년 동갑내기 친구와 결혼을 해서 신혼생활을 약 2년 하고 작년에 주원이를 만나게 되었습니다. 아내가 아이를 임신하고 육아 휴직에 들어가는 시기에 마침 저도 대학원에 진학하게 되어 남들보다는 훨씬 여유 있게 태교를 할 수 있었습니다. 그 이유에서인지 약 13개월이 된 제 아이는 크게 아픈 데 없이 건강하고 밝게 잘 자라고 있습니다. 다른 아빠들보다 많은 시간을 아들과 함께 보내서인지 제가 집에 있는 날이면 저한테 딱 달라붙어서 떨어지질 않습니다. 앞으로 일을 하게 되어도 집에서 가족들과 많은 시간을 보낼 예정입니다. 다시는 오지 않을 무엇보다 의미 있는 시간이니까요.

어린 아빠가 정보를 얻는 법

아주 어린 나이는 아니지만, 주위 친구들보다는 비교적 이른 나이에 결혼과 출산을 경험하면서 아버지의 육아에 대해 공유할 수 있는 사람이 없었습니다. 시중에 시판되어 있는 책으로 최대한 많은 정보를 습득하고자 하였으나, 바로 당장 제 아들에게 적용할 수 있는 실질적인 노하우를 얻고 싶었습니다. '100인의 아빠단' 활동을 하면 할수록 정말 대단한 아버지들이 많이 있다는 것, 더 좋은 아버지가 되어야겠다는 생각을 많이 하게 되었습니다.

몸과 마음으로 느끼는 아빠의 중요성

약 1년 정도 육아를 경험해보니, 아이의 육아 문제에 있어 아버지와 어머니의 역할은 아주 다르다는 것을 느낄 수 있었습니다. 교과서에서처럼 정확히 어떤 부분이라고는 설명하기 힘들지만 그렇기 때문에 아버지의 관심을 덜 받고 자란 아이들은 어떤 부분에서 부족할 수 있겠다는 생각을 하곤 합니다.

아직 아이가 많이 어리기 때문에 대화가 통하지 않아 처음에는 어색한 분위기에서 시간을 보내기도 했습니다. 하지만 결국 아이는 아버지가 입을 다물고 무표정으로 있는 것보다는, 계속 대화를 시도하며 신나게 해주면 웃는다는 것을 알았습니다.

저는 아이와의 스킨십도 매우 좋아하는 편이라, 주로 무릎에 앉혀놓고 책을 읽어주거나 노래를 틀어 같이 춤을 추는 편입니다. 처음에는 웃음으로만 본인의 기분을 표현했는데 이제 제가 하는 말, 율동까지도 제법 따라 할 정도로 교육이 되고 있어 뿌듯함을 느낍니다.

아빠가 아이에게 줄 수 있는 최고의 선물, 시간

아이가 뱃속에 있을 때부터 함께 많은 시간을 보내려고 노력했습니다. 이는 아이가 자라서 성인이 되었을 때도 마찬가지라고 생각합니다. 아버지는 단순히 경제적으로 도움을 주는 사람이 아니라, 언제든 같이 밖에서 뛰어놀고 고민상담도 해줄 수 있어야 한다고 생각합니다.

자율적으로 시간을 조절할 수 있는 학생이다 보니 자칫 여유를 부리는 경우가 있는데, 그런 시간을 많이 줄이고자 노력하고 있습니다. 밖에서 할 수 있는 일은 최대한 집중해서 빨리 끝내고, 집에 들어와서 꼭 육아가 아니더라도, 아내의 가사노동을 조금은 덜어주려고 하는 편입니다. 아내도 처음에는 너무 집에서 시간을 많이 보내는 것이 아니냐며 걱정 아닌 걱정을 하기도 했는데, 이제는 제 노력에 고맙다는 의사표현을 자주 하곤 합니다.

제가 현재 직장생활을 하고 있지는 않지만, 삶에서 본인에게 주가 되는 것이 무엇이냐를 생각해보는 것이 좋을 것 같습니다. 물론 사회생활도 소홀하지 않아야 바른 가정을 유지할 수 있지만, 그것보다 더 중요한 것은 아버지의 가치관이라고 생각합니다. 많은 시간을 투자하는 것만이 정답은 아니겠지요. 짧은 시간 동안이라도 아이에게 유익하고 소중한 시간을 보낼 수 있도록 노력해야 할 것입니다.

아빠를 이해하기 시작한 아빠, 노력할 뿐

작년에 제가 태어나서 처음으로 저희 아버지에게 감사하다고, 사랑한다고 전화를 드린 적이 있습니다. 언제나 무뚝뚝하고 무관심해 보이는 아버지이지만, 기억 나지 않는 제 어린 시절에 지금의 저처럼 많은 고민을 하고 노력을 하셨을 거라는 생각을 하니, 가슴이 뭉클해졌습니다.

육아에는 정답이 없다고 생각합니다. 그렇기 때문에 단순히 책으로 공부할 수 있는 것도 아닙니다. 단지 아빠가 할 수 있는 것은 아이와 교감을 하기 위해서 부지런하게 노력을 하는 것이라고 생각합니다. 저는 앞으로도 계속 좋은 아빠가 되기 위해서 노력할 것입니다.

가족 문화, 행복을 만드는 인생 파티

아이가 태어나면서부터 부모는 인생이 바뀐다. 내가 아이를 키우는 게 아니라 아이가 나를 키우니까 말이다. 아빠가 아이에게 미칠 수 있는 영향력은 크다. 그렇기에 아빠는 허수아비 사장이 되어서는 안 된다. 부모는 한 집안의 공동대표가 되어야 한다.

영향력을 발휘하려면 그만큼 역할과 의무를 다해야 한다. 엄마가 아이한테 더 많은 역할을 하면 그만큼 엄마가 아이에게 미치는 영향력이 커지고, 아이는 아빠의 말에는 별로 신경을 쓰지 않는다. 의무를 이행해야 권리를 주장할 수 있는 것처럼 말이다.

어떤 가족이든 그 가족만의 문화가 있다. 아빠가 아이에게 줄 수 있는 것은 어떤 분위기의 가정에서 자랐느냐 하는 기억이다. 가정의 분위기, 어른이 되어서 우리 집이 어땠나 생각했을 때 떠오르는 느낌, 우리 가족이 자주 했던 것들, 그게 모두 '가족 문화'다. 가족끼리 문화를 만들어가는 좋은 방법 중 하나는 아이들이 가족에 소속감을 느낄 수 있도록 해주는 의식이나 정기적인 행사를 만드는 것이다. 예를 들면 나는 우리 가족과 함께 청소 파티, 타임캡슐 만들기, 송별회, 진실 토크 같은 것들을 하고 있다.

'청소 파티'는 특별한 게 아니라 청소를 하는 것이다. 대신 온 가족이 같이 역할을 나누어서 청소하는 것이다. 그리고 이름을 '파티'라고 붙여주면 아이들은 특별한 의미를 품고 집안일을 돕게 된다. 그러면 그것도 하나의 의식이 되고 가족 문화가 된다.

타임캡슐은 상자 안에 넣을 물건이나 편지 같은 것들을 준비하고 온 가족이 같이 모여서 상자에 넣는다. 1년짜리 타임캡슐을 만들기도 하고 5년짜리를 만들기도 해서 시간이 지나면 열어본다. 그러면 그 안에는 5년 후의 나에게 쓴 편지도 들어 있고, 각자 그 당시에 의미를 두었던 물건들이 들어 있다. 가족들이 모여서 타임캡슐을 열어보면 무척 재미있다. 아이들도 얼마나 좋아하는지 모른다. 이렇게 다른 가족과는 다른 특별한 추억을 만들어주면 아이들은 커서도 그것을 생각하게 된다. '아빠, 우리 타임캡슐 만들었던 거 기억 나?' 하면서 서로 그때 무슨 물건을 넣었는지 이야기하며 추억을 회상하는데, 그럴 때면 우린 정말 가족이구나 하는 생각이 든다.

생일 파티나 송별회 등 특별한 날에는 소박하게라도 꼭 의미를 부여하고 맛있는 음식이라도 함께 먹으며 이야기하는 게 좋다. 가족의 문화의식이라는 게 아주 특별하고 별난 것이어야만 하는 건 아니다. 우리 가족은 연말이 되면 케이크를 사서 초를 끄고 소원도 빌고 서로 편지 쓰는 시간을 갖기도 하며 한 해를 보내는 송별회를 한다. 나중에는 아이들이 각자 이런 걸 해보는 게 어떻겠냐고 여러 가지 아이디어도 낸다.

진실 토크는 솔직하게 이야기하는 시간이다. 서운했던 점이든 고마웠던 점이든 어떤 이야기도 좋다. 별로 대단한 이야기가 아니더라도 의미를 부여한 후에 이름을 붙이고 가족끼리 모여서 함께 이야기하는 시간을 가진다.

물론 처음에는 어색하다. 하지만 가족끼리 소속감을 갖는 시간, 다른 가족은 하지 않는 행사를 해보는 것은 아이들에게 큰 의미를 주고, 나도 '이런 게 가족이구나.'라는 생각이 들어 흐뭇하다.

사느라 바빠서, 기념일 챙기고 이벤트 하는 게 귀찮고 힘들다고 생각할 수도 있지만 일상에 가해지는 조그마한 변화는 삶에 활기를 불어넣는다. 기념일, 파티는 그러한 역할을 하는 것이다. 누구나 나이가 들수록 느끼는 감동이 줄어든다. 이미 겪은 것이 너무 많아서일 것이다. 그럴 때일수록 평범한 일이어도 감탄하고 축하할 줄 알아야 한다. 친구들 사이에서도, 직장에서도 마찬가지다. 무엇보다도 행복한 것은 가족들과 함께 그러한 즐거움을 느낀다는 것이다. 대단한 것이 행복이 아니라 사소한 것에서부터 행복을 자주 느끼는 연습을 아이와 함께 해보는 건 어떨까?

아빠 수업 톡! Talk?

가족문화의식은 어떤 명분이어도 좋습니다. 일 년에 단 한 번이어도 좋습니다. 우리 가족만의 특별함만을 느끼게 해줄 것입니다.

서로 속마음을 나눌 수 있는 시간을 자주 갖고 생일파티는 거창하지 않더라도 꼭 서로 챙겨주도록 하세요. '시험이 끝난 날, 키가 5cm 큰 날, 어금니가 다 빠진 날' 등의 기념일에 '파티'라는 이름을 붙여 일상을 축제로 즐기는 방법을 알려주세요.

캠핑이나 여행으로 만들어진 어린 시절의 행복한 기억은 아이가 커서 힘든 일이 생겼을 때 다시 일어나게 해주는 힘이 될 것입니다.

좋은 아빠 케이스 스토리 ;
아빠는 아이의 든든한 지원군

저는 중학교에서 체육교사로 근무하고 있는 33세 이현승입니다. 2010년에 결혼하여 현재까지 아내와 알콩달콩 사이좋게 지내고 있습니다. 아이는 두 명이고 곧 태어날 아이까지 하면 총 셋입니다. 첫째 아이는 이지현, 둘째는 이경하. 셋째는 현재 태명이 무럭이입니다. 전부 딸이라서 딸부자 아빠입니다. 아이들과 제 아내와 함께 건강하게 지내는 게 저의 바람입니다.

친구 따라 강남 간다

군대 동기가 '100인의 아빠단' 3기 활동을 했다고 페이스북에 글을 남겼더라고요. 그래서 '100인의 아빠단이 뭐지?'라는 호기심에 들어가봤더니 아이와 함께하는 사진과 여러 도움이 되는 글들이 많이 있었습니다. 그리고 "나도 할 수 있겠다."라는 호기심에 지원을 하게 되었습니다. 운 좋게

선정이 되어 지금 열심히 활동하고 있습니다. 생각보다 쉽진 않지만 매주 주어지는 미션 덕분에 아이와 좀 더 시간을 보내려 노력하게 되어 지원하기를 잘했다고 스스로 생각하고 있습니다.

육아하며 달라진 점

현재 큰아이가 네 살인데 말을 심하게 안 들을 때는 사실 좀 때리기도 하고 그랬습니다. 그러나 더 좋은 아빠가 되고자 노력을 하다 보니 아이를 때리기보다는 한 번 더 참고 이야기하는 제 자신을 보게 되었습니다.

매주 행해지는 미션 덕분에 이것저것 아이와 함께하는 모습을 본 아내도 흐뭇해하는 표정입니다. 제가 요리는 잘 안 하는 편인데 미션 덕분에 아이와 요리도 하다 보니 아내가 많이 좋아하는 모습에 저도 무척 뿌듯함을 느끼고 있습니다.

저는 아이가 책 읽기를 좋아하여 책을 주로 읽어주는 편입니다. 아내가 영상매체를 보여주는 걸 싫어하여 집에 TV도 없애버렸더니 정말 처음에는 할 게 없더라고요. 그런데 아이가 "아빠, 책 읽어주세요."라며 책을 가져왔던 게 계기가 되어 집에서 책을 자주 읽어주게 되었습니다. 큰아이가 잠자기 전에 제가 꼭 하는 일이 책 읽어주기입니다. 잠이 안 올 때는 다섯 권 이상도 읽고, 잠이 금세 드는 날은 한 권을 읽어주기도 합니다. 그리고 아이가 뛰어놀기를 좋아해 집에서 숨바꼭질 놀이도 합니다. 큰아이가 정말 좋아하는 놀이에요.

매일 저녁식사는 집에서 가족과 함께 합니다. 제가 회식을 자주 하는 편이 아니라서 퇴근하면 바로 집으로 가서 가족과 함께 저녁을 먹습니다.

믿음을 줄 수 있는 아빠

제가 생각할 때 좋은 아빠는 "항상 아빠가 뒤에서 지켜보고 계신다. 그러니 난 어떠한 것도 두렵지 않다."라고 생각할 수 있게 뒤에서 조력해주는 역할을 하는 아빠입니다. 용돈을 많이 주고, 맛있는 것 많이 사주고, 사달라는 장난감을 사주는 것도 물론 필요하겠지만 아빠에 대한 믿음이 있도록 하는 게 중요합니다. 그렇기 위해서 가정에서는 아빠뿐 아니라 엄마의 역할도 중요합니다. 즉 부부의 역할이 모두 중요합니다. 그러한 모습과 바탕 위에 만들어진 아빠에 대한 믿음 속에서 아이가 두려움 없이 세상을 잘 살아갈 수 있을 거라 생각합니다.

부부가 생각하는 양육의 키워드: 건강과 나눔

제 아이들은 건강하게 자기가 하고 싶은 일을 하면서 지냈으면 하는 게 바람입니다. 또 아이들이 다른 사람들에게 도움이 되는 삶을 살았으면 합니다. 제 아내는 큰아이가 UN에 가서 봉사활동을 하는 삶을 살았으면 좋겠다고 이야기하더라고요. 또 제 개인적으로는 건강이 가장 중요하다고 생각합니다.

직장일과 가정일을 병행하는 비법

직장일이 피곤하여 퇴근하면 저 역시 쉬고 싶다는 생각을 많이 합니다. 큰아이가 태어났을 때 아내가 3개월 쉬고 일을 했었습니다. 그래서 방학 때 제가 100일 갓 넘은 아이를 혼자 한 달간 본 적이 있습니다. 정말 그

뒤로 방학이 싫어지더라고요. 이 고생을 또 해야 하나 싶어서 말이죠. 집에서 아이들을 보는 아내들도 정말 고생이 많습니다. 제가 직장에서 일할 때 아내는 집에서 쉬는 게 아니라 일을 하고 있는 거였더라고요. 그래서 퇴근 후에는 함께 육아를 해야 한다는 게 힘들긴 하지만 하려고 노력하고 있습니다.

아이들이 8시나 9시면 잠을 자기 때문에 제가 퇴근하고 2~3시간만 함께 아이들을 봐주면 자유시간이 주어지니 그 시간에 아내와 함께 보낸다는 생각으로 지내고 있습니다. 다만 아내가 만족을 못 할 때가 있어 당황스럽기도 하지만, 그만큼 아내도 힘들다는 거겠죠.

아이는 혼자 낳은 게 아니고 제 아이이기 때문에 힘들어도 이겨내야 한다고 생각합니다.

세상의 아빠들에게 메시지

아이들이 있기 때문에 웃을 수 있고 울 수도 있는 것 같습니다. 아이가 "아빠, 사랑해."라고 말하는 순간 모든 피곤함이 사르르 녹는 것 같습니다. 아이들이 좀 더 커서 사춘기가 오고 어느 순간 저와 함께하고 싶어 하지 않을 수도 있겠지만 미리미리 아이들과 지내려고 한다면 아이들도 아빠의 사랑을 느끼지 않을까요?

내가 낳은 아이들이 웃으면서 세상을 살아가도록 아빠들이 뒤에서 든든한 지원군이 되었으면 좋겠습니다.

가족과 함께 떠나라! 자연 속 캠핑장으로!

여행은 아주 좋은 가족 문화의식이다. 아이가 커서 힘들 때마다 떠오르는 게 뭘까? 어린 시절의 추억이다. 행복한 기억은 힘들 때 힘이 나게 해주는 비타민이다. 그런 비타민을 많이 만들어주도록 여행을 다니자. 나중에 아이가 커서는 여행을 가고 싶어도 학교나 학원 때문에 못 가고, 아이들도 별로 가고 싶어 하지 않아서 못 간다.

여행에는 여러 가지 방법이 있다. 역사 유적지로 떠나는 여행도 있고 자연으로 떠나는 여행도 있고 멋진 건물이나 체험센터로 떠나는 여행도 있다. 특히나 내가 여기서 강조하는 미션은 '캠핑'이다.

답답한 도시를 떠나서 공기 좋고 경치 좋은 곳에서 산과 들을 보는 캠핑을 떠나보자. 고가의 캠핑도구를 필요로 하는 캠핑 말고 작고 낡은 텐트에서라도 따뜻한 국물을 직접 끓여 먹으며 자연을 즐기는 그런 캠핑 말이다.

캠핑을 가면 텔레비전도 없고 컴퓨터도 없다 보니 작은 텐트 안에서 가족끼리 많은 대화를 하게 된다. 진실 토크와 같은 가족 문화의식을 이럴 때 하면 참 좋다. 또한 평상시에 학교 다니며 학원 다니랴 바쁜 아이들도 뛰어놀 수 있는 자연이 있고 캠핑장에 온 새로운 친구들을 많이 만날 수 있는 기회도 되는 만큼 아이의 사교성에도 좋다.

물론 밖에 나가면 아빠들이 고생스럽다. 그렇기에 아빠가 더 나서야 하는 일이다. 아이와 아내가 즐거워하는 모습을 보면 힘든 점도 어느새 잊게 된다. 아이 때문에 시작한 캠핑이었지만 이제는 내가 더 좋아하게 되었다. 캠핑을 하며 만나는 자연은 계절마다 장소마다 다른 매력을 보여준다.

다음은 캠핑 미션을 수행하며 주의할 점이다.

❶ 완벽한 캠핑을 꿈꾸지 말자

밖에 나가는 것 자체가 일단 불완전한 환경을 받아들이고 나가는 것이다. 계획은 늘 어긋나게 마련이다. 캠핑 장소가 마음에 들지 않을 수도 있고 날씨가 안 좋을 수도 있고 음식이 제대로 익지 않을 수도 있다. 캠핑을 떠날 때는 마음을 비우고 떠나도록 하자.

❷ 아이들의 아이디어로 캠핑을 준비해보자

가족원 어느 한 명의 준비로 캠핑이 이루어진다면 즐거울 수가 없다. 분명 준비해야 할 것도 많고 이것저것 챙겨야 할 것도 많을 것이기 때문이다. 가족이 다 함께 준비하도록 하고, 그 과정에서 아이들이 중심에 있어야 한다.

어떤 요리를 해 먹을지 어떤 장소로 가볼지 어떤 것들을 준비할지 아이가 정할 기회를 주자. 캠핑 장소로 가서도 텐트를 치고 음식을 준비하는 과정에 아이를 참여시키자. 아이는 불완전하고 실수도 하기 마련이다. 하지만 어른이 기대하는 것과 아이가 행하는 것은 항상 차이가 있다는 사실을 인정하고 캠핑 가서는 잔소리를 하지 않도록 해야 한다.

❸ 스마트폰은 잠시 안녕

캠핑에 가서조차 스마트폰을 놓지 못하는 사람들이 있다. 요즘 캠핑장에는 무선인터넷이 되는 곳도 많으니 말이다. 그러나 아이들이 자연에서 뛰어놀고 새로운 놀이거리를 찾도록 도와주자. 캠핑에 가서는 DMB도 스마트폰도 잠시 놓고 오롯이 자연과 함께 만나는 시간을 갖도록 해보자.

> **아빠 수업 톡! Talk?**
> **가족들과 함께 떠나라! 자연으로!**

행복한 아빠 100일 프로젝트 에필로그

아빠의 꿈, 아이에게 미래를 보여주다

나는 가족과 함께하면서 변했고, 이렇게 책까지 쓰게 됐다. 하지만 직장생활이 계속되자 권태기가 온 것 같았다. 그렇게도 취업하고 싶어 눈에 불을 켜고 준비했던 회사였다. 처음에 입사했을 때에는 졸업하자마자 취업에 성공했다고 부모님과 지금의 아내까지 모두 얼마나 좋아했는지 모른다. 나 역시 취업 관문을 뚫었다는 생각에 스스로가 대견스러웠고 이제야 안심이라는 생각이 들었다. 하지만 어느새 직장생활의 피곤함과 지루함이 온몸의 세포 구석구석까지 스며들었다. 출근하면서부터 피곤하고 졸렸고, 월요일 아침이면 특히나 온 세상의 피곤은 다 짊어진 것 같았다. 피곤하고 찌뿌둥한 기분과 싸우며 오전에 일을 하다 보면 점심을 먹을 때가 돌아온다. 동료들과 식당으로 우르르 간다. 점심을 먹고 커피 한 잔을 하고 자리로 돌아와 이를 닦으면 약속이나 한 듯이 점심시간이 끝나 있다. 다시 책상에 앉아 일을 시작한다. 오후는 졸음과의 싸움이다. 팀장님이 호출하는 소리와 동료 직원들의 말소리에 파묻혀 그렇게 시간은 간다. 퇴근시간이 돌아오면 세 가지의 선택지가 돌아간다. 퇴근, 야근, 회식.

퇴근하는 길은 행복하다. 퇴근하고 바로 쉴 수는 없어 가족들과 함께 시간을 보내고 나면 드디어 잠자리에 들 수 있는 시간이 돌아온다. 그리고 또다시 '아, 피곤하다.'라는 말과 함께 눈을 뜬다.

주변에서는 지금 내가 갖고 있는 것에 행복을 느끼라고 한다. 나 역시 잠을 잘 집이 있고 사랑하는 가족들이 있고 직업이 있다는 것에 감사를 느낀다. 하지만 권태감이 느껴지는 건 어쩔 수 없었다. 그렇다고 휴일이면 소파와 한몸이 되고, 퇴근하고는 리모컨과 친구가 되어 아내의 잔소리는 잠시 음소거를 시켜놓고, 아이들과 잠시 놀아주는 척하다가 다시 컴퓨터를 만지던 지난날이 더 행복했다고 말할 수도 없다.

'민성이와 민지도 곧 학교에 가고, 올해에 전세 계약 만료인데, 뭐가 이리 더 나아지는 게 없냐.'

갑자기 나는 심란했다.

사람이 불안하다는 것은 변화할 때가 왔다는 것이다. 지루하다는 것, 미래가 불안하다는 것은 변화의 기회다. 회사에서는 계획을 세우고 장기 비전을 세우고 회의를 하면서 목표를 향해 나아가도록 끊임없이 노력하지만 내 인생이나 가족에 있어서는 그러기가 쉽지 않다. 내 인생의 미래상이나 가족의 미래상에 대해 고민하지 않은 채 하루하루가 가게 된다.

비전을 가지고 살아가는 모습을 보여주고 아이들의 인생에도 비전을 제시해주는 것이야말로 아빠가 잘할 수 있는 일이다. 미래의 계획을 세우면 오히려 걱정이나 불안이 줄어든다. 성공적인 미래의 내 모습을 향해 적극적으로 움직이게 된다. 그래서 현재를 더 즐겁게 살 수 있다. 자신이 원하는 미래의 모습을 보다 구체적으로 그릴 수 있고 그게 달성 가능하다고 확신할수록 그 모습이 실현되기까지 걸리는 시간이 줄어든다.

우리 주변에 있는 모든 것들은 모두 원자로 구성되어 있다. 단지 원자를 구성하는 양성자, 중성자, 전자의 수만 다를 뿐이다. 원소는 원자의 핵속에 들어 있는 양성자의 수에 따라 구분된다. 예를 들어 주기율표에서 알루미늄은 13번이다. 그 말은 핵 속에 양성자가 13개가 있다는 말이다. 만약에 14개의 양성자가 있다고 한다면 그 원소는 더 이상 알루미늄이 아니라 규소가 된다. 양자 수준에서는 한 개의 양성자가 원소의 특성을 변화시켜 완전히 다른 원소를 만든다. 그러니까 우리 주변에서 볼 수 있는 모든 것들을 양자 수준에서 봤을 때 단순히 양성자, 중성자, 전자의 수와 정렬 방식의 차이일 뿐이라는 것이다, 즉 우리가 원하는 모든 것들의 본질은 양성자, 중성자, 전자 즉 에너지이다. 모든 것은 에너지로 구성되어 있기 때문에 우리가 의식적으로 생각하고 에너지를 배열하면 우리는 원하는 모든 것을 얻을 수 있다. 내가 주의와 에너지와 집중력을 쏟는 대상을 자연스럽게 끌어당기게 된다. 우리가 지금 바라보고 예상하는 미래가 비슷하게 그려진다. 그래서 우리는 함부로 생각을 품으면 안 되는 것이다.

자신이 원하고 상상하는 미래를 한번 그려보자. 가족들과도 함께 비전을 그려보자. 아내와 정말 설레는 미래에 대해서 이야기해본다. 나는 아내와 크루즈 여행 갈 이야기, 별장 지을 이야기 같은 것들을 하면 정말 행복하다. 물론 어떤 사람들은 그러한 생각을 해봤자 헛된 상상에만 그치는 것 아니냐고 이야기한다. 하지만 원하는 미래에 대해 구체적으로 생각하고, 그것을 누리는 감정을 상상으로나마 느끼고 나면 그것을 이루기 위해 무얼 해야 할까 답을 찾고 싶어진다. 그래서 방법을 찾고 노력하게 된다.

삶이 어떻게 변할지는 아무도 모른다. 그래서 꿈을 갖는다는 것 자체가 허황되고 쓸데없는 계획이라고 생각하는 사람도 있다. 물론 스스로가 만든 꿈에 속박되어서는 안 된다. 하지만 장기적인 꿈이 필요한 이유는 목표를 갖기 위해서이고, 목표가 필요한 이유는 노력하기 위해서다. 물론 그 꿈이 이루어지지 않을 수도 있다. 하지만 그러한 노력 속에서 인생은 반드시 더 나아져가고 변화해간다.

변화의 시기가 찾아왔음을 인식했을 때, 나는 3년, 5년, 10년 단위로 인생계획을 짜보았다. 그리고 매년 초가 되면 〈올해 갖고 싶은 물건이 무엇인가〉, 〈올해 꼭 해보거나 배우고 싶은 일은 무엇인가〉, 〈올해 힘들지만 도전해보고 싶은 일은 무엇인가〉에 대해 생각하기 시작했다. 그리고 나니 원하는 목표를 이루기 위해 더 노력하고 있는 자신을 발견하게 되었다. 물론 계획과 목표는 일과 가정이 균형을 이루도록 만든다.

꿈을 갖고 나니 불안한 마음이 설레는 미래로 채워졌다. 아빠가 그렇게 비전을 제시하면 아내도 아이들도 행복해질 수밖에 없다. 그리고 그런 비전은 꼭 아이들한테 알려줘야 하는 자산이다. 돈 몇 푼이 유산이 아니라 행복한 미래를 꿈꾸고 그 미래를 위해 행동하고 노력하는 방법을 알려줘야 한다.

가정을 잘 경영하는 CEO는 미래지향적인 사람, 그래서 현재에도 충실할 수 있는 아이로 커갈 수 있도록 하는 사람이다.

좋은 아빠 미션, 그 후 이야기

홍대리의 좋은 아빠 프로젝트를 완수하다

유강한은 책을 덮었다. 근무시간 틈틈이 읽었던 홍기적의 책이 끝났다. 아이를 키우며 안절부절 못했던 홍대리의 모습이 하나둘 스쳐지나갔다. 그때마다 능력 없는 남자라고 비웃었던 마음이 솟아올라오던 때를 기억해냈다. 이제 홍대리는 그냥 홍대리가 아니었다.

"홍대리!"

유대리는 퇴근하려는 홍대리를 붙잡았다. 홍기적이 이진국을 만났던 것처럼 유강한도 홍기적의 손을 그렇게 잡았다.

"홍대리, 축하하네."

"네?"

"자네가 기획한 '퍼스널 도시락'이 무사히 완료되어서 마케팅도 잘 되고 반응도 좋아. 사장님으로부터 홍대리를 특별히 과장으로 승진시키라는 지시가 내려왔네."

"왕부장님……."

"홍과장님, 축하드려요."

"고마워, 지원씨, 미리씨."

"홍과장, 이제 과장됐다고 친구 모른 척하기 없기다."

"강한아, 무슨 소리야."

홍대리는 이제 홍과장이 되었다. 결혼생활과 육아, 직장 어느 것 하나 쉬운 게 없었던 홍대리였다. 하지만 아빠 친구들을 만나며 달라졌다. 좋은 아빠가 되겠다고 마음먹고 나서부터 모든 게 변하기 시작했다. 좋은 아빠, 가정적인 아빠라는 건 나와 거리가 멀다고 생각했던 홍대리, 아니 홍과장이었다. 하지만 일과 가정은 연장선에 있다는 것을 깨닫고 행복한 이기주의자가 되기 위한 몸부림이 시작되었다. 양육 프레임을 세우고 좋은 아빠들을 직접 만나 인터뷰하며 좋은 아빠 상에 대해 고민도 했다. 미션을 하면서 아이와 함께하는 시간을 가졌고 미래에 대한 비전도 만들었다. 아내와 사이가 좋아진 것은 당연했다. 일도 집안일도 모두 잘 풀렸다.

"홍과장님, 나 네가 쓴 책 읽었어. 언제 그렇게 책까지 썼어?"

유강한이 홍기적에게 말했다.

"어, 그래? 그 책을 읽었어? 어땠어?"

"느끼는 바가 많았어."

"고마워. 내가 느낀 것들을 아빠들과 함께 나누고 싶어서 열심히 쓴 책이야. 책에 25개의 미션이 있잖아. 4일에 하나씩 읽으면서 100일 동안 실천해봐. 곰도 100일간 마늘을 먹으며 사람이 됐는데 100일이면 뭐든 달라질 수 있다."

"그래. 알았어. 책 낸 것도 승진한 것도 다 축하한다. 이제 나도 너처럼 얼굴빛이 달라질 수 있는 거냐?"

"그렇지. 마음을 먹는 것부터 시작이니까 말이다. 유강한, 힘내라."

좋은 아빠, 좋은 남편이 되는 일은 어렵다. 그렇다. 사실 참 어려운 게 맞다. 이제 홍과장은 퇴근하면 어떻게 아이들과 즐거운 시간을 보낼 것인지부터 생각한다. 차에서 내려 집으로 들어가기 직전에 몇 시간 동안 어떻게 가족과 즐겁게 보낼지 상상한다. 아침에 일어나서는 오늘 하루 어떻게 내 능력을 펼쳐볼지 계획을 세운다. 그리고 생각만 해도 기대되는 미래를 꿈꾼다. 인터넷 서핑이나 TV를 보면서 맥없이 앉아 있고 싶지는 않다. 자신이 보다 행복해진 사람으로서 가정생활을 즐기고 존경받는 부모가 되는 모습을 그려보곤 한다.

부모가 행복하면 아이가 행복할 수 있다. 무슨 일이든 진짜 커피 맛을 알기 위해서, 진짜 맥주 맛을 알기 위해서는 시간이 지나야 하듯, 하다못해 컴퓨터 게임을 할 때조차도 게임 방법을 터득해야 하듯 아이와 정말 행복하게 지내기 위해서는 방법을 알아야 한다. 그리고 연습하고 실천하다 보면 아이와 시간을 즐길 수 있게 된다.

함께 손잡고 인생 프로젝트를 해나가는 파트너로, 양육 프로젝트를 하며 중요한 선택과 결정을 하는 부모로서 아내와 함께한다는 것 자체가 행복으로 느껴진다. 직장과 가정에서 모두 평온하고 행복한 사람이 되는 것, 그리하여 영혼이 행복과 편안함, 또 미래에 대한 비전과 기대로 꽉 찬 사람이 된다는 것을 느끼게 해준 친구 이진국에게 홍기적은 고마움을 느꼈다. 그리고 홍과장의 책을 다 읽은 유강한 또한 홍과장에게 고마움을 느꼈다. 이제 한 명 한 명 변화해가고 행복해져갈 것이다. 그렇게 아버지가 되어간다.

아빠가 들어가기 좋은 추천 카페

1. 100점짜리 아빠들의 숨겨진 육아자습서 (100인의 아빠단 공식 카페)

아빠를 위한 육아 정보 카페로 '마더하세요' 보건복지부 캠페인 '100인의 아빠단' 공식 커뮤니티 카페이다.　http://cafe.naver.com/motherplusall

2. 아빠 놀이학교

모든 아빠들이 좋은 아빠들이 되도록 도와주자는 모토로 아빠들에게 유익한 다양한 놀이를 알려주는 카페이다.　http://cafe.naver.com/swdad

3. 주말 대디 (주말에 육아하는 아빠들의 모임)

주말에 육아하는 아빠들이 정보를 얻고 오프라인 주말 모임을 갖는 카페이다.

http://cafe.naver.com/weekend6a

4. 그루슐레 초등교육연구소 (초등생활처방전)

현직 교사이자 이 책의 저자가 운영하는 카페로 초등교육과 관련된 고민을 할 때 들어가보면 좋은 카페이다.　http://cafe.naver.com/learningmom

> 에필로그

'좋은' 아빠가 되는 것은
'행복한' 인생을 사는 것과 같다

아빠들의 생생한 이야기를 들을 때마다 저는 감동했습니다. 그들은 좋은 아빠가 되기 위해 노력하고 있었고 아이로 인해 변해가고 있었습니다. 그들은 가장 행복해지기 위해 '좋은 아빠'라는 선택을 했습니다.

모든 아빠들은 각자 다른 상황에 처해 있고 다른 성격을 갖고 있으며 서로 다른 어린 시절을 겪어왔습니다. 퇴근시간이 빠른 편인 아빠들도 있지만, 퇴근시간이 늦고 일정하지 않은 아빠들도 있습니다. 원래부터 다정다감하고 자상한 성격이었던 아빠들도 있지만, 무뚝뚝하고 표현을 못 했던 아빠들도 있습니다. 부모님과 행복한 어린 시절을 보냈던 아빠들도 있지만 좋지 않은 기억을 갖고 있는 아빠들도 있습니다. 태어난 아이를 보면서 가슴 벅차오름을 느꼈고, 아이와 친하게 지내고 싶다는 생각을 하게 되었다고 말한 아빠들, 아이를 키우면서 부부가 서로 힘들고 바쁘게 되자 도대체 아빠가 되려면 어떻게 해야 하나 찾아보기 시작했던 아빠들, 자신의 아버지처럼 되고 싶지 않아서 방법을 찾기 시작했다는 아빠들, 직장 동료나 친구가 하는 것을 보고 따라 하기 시작했다는 아빠들과 같이 좋은 아빠가 되겠다고 마음을 먹는 계기 또한 다양했습니다. 하지만 이들의 공통점은 각자의 자리에서 좋은 아빠가 되기 위해 노력하고 있다는 것이었고, 모두가 얼굴이 빛나고 있다는 사실이었습니다.

아빠들을 인터뷰하며 저는 대한민국의 희망을 보았습니다. 아이가 행복해야 미래가 밝고 대한민국이 행복할 수 있기 때문입니다.

교실에서 아이들을 관찰했을 때, 정서적인 면, 인성적인 면, 지적인 면, 대인관계에서 모두 훌륭한 아이들의 아빠들이 모두 육아에 적극적일까요? 그건 아닙니다. 아빠의 빈자리를 채워주는 요인이 많이 있을 테니 말입니다. 사실 교육이라는 것은 매우 섬세한 부분이라 그 효과가 즉각적으로 나타나는 것은 아니고 복합적인 요인이 많으니까요. 하지만 모든 교사들이 고개를 끄덕인 사실은 아빠가 육아에 적극적인 아이는 예외 없이 훌륭한 아이들이었다는 것입니다.

아빠가 육아와 교육에 참여하기 시작하면 초반에 가장 힘들고 어색합니다. 하지만 점점 자리가 잡히고 익숙해진 후에는 좀 더 수월해집니다. 마음을 먹는 게 가장 힘든 일입니다. 누구나 할 수 있지만 누구나 하지 않는 일입니다. 하지만 시작하고 나면 아빠의 자리를 평생 찾을 수 있으니 세상에서 가장 이율 좋은 투자가 아닐까요?

아빠들은 말합니다. 어린 시절 아빠와 함께했던 추억이 주는 가슴 훈훈함을 느낄 때, 우리 아이에게도 그 훈훈함을 느끼게 해주고 싶었다고. 에리히 프롬은 '조건 없는 사랑은 아이뿐만 아니라 모든 인간의 가장 깊은 갈망이다.'라고 말했습니다. 우리 모두는 서로 조건 없는 사랑을 바라고 있습니다. 아이가 세상을 살아가며 조건 없는 사랑을 받아볼 기회는 부모만이 줄 수 있습니다. 아빠가 주는 조건 없는 사랑을 지금 내 눈앞에 있는 아이에게 주세요.

힘들지 않다고 하면 거짓말입니다. 힘들지만 가족은 한 팀이고 부부는 인생의 파트너이기에 '함께' 행복할 때 '가장' 행복할 수 있습니다.

>> 150여 명의 아빠들에게 묻다!

"좋은 아빠란?"

본보기가 되는 아빠.
돈 잘 벌어오는 아빠.
엄마에게 잘해주는 아빠.
유머가 풍부한 아빠.

좋은 가정에 대한 바람직한 정의를 정립하고 그것에 맞추려 노력하는 아빠.

자녀와 소통하고 믿어주는 아빠.

초등학생까지는 아이와 즐겁게 놀아주는 아빠. 중등 이상(사춘기) 아이와는 이야기를 나눌 수 있는 소통하는 아빠.

많은 시간 같이 옆에 있어주고 아이가 하는 말에 관심 있게 들어주며 답변하고 호응해주는 아빠. 기억에 남을 소소한 추억거리를 만들어주고 숙제도 같이 해주고 공부할 때 같이 옆에서 내 일도 하며 함께하는 아빠. 학교에서나 유치원에서 잘 지내는지, 어려운 점은 없는지 물어보고, 있으면 적극 해결해주는 아빠.

아이의 행복한 추억 속에 많이 기억되는 아빠.
그 행복한 추억은 아이가 살아가는 영양분과 문제를 해결해나갈 파워가 될 것이라 생각합니다!

좋은 아빠란 아이가 편하게 기댈 수 있고, 불편해하지 않고 의사전달을 다 할 수 있도록 해주는 아빠입니다. 또, 아이가 하고자 하는 것과 흥미 있어 하는 것을 잘 찾아내어 할 수 있게 뒷받침해줄 수 있고, 인생의 선배로써 시행착오를 하지 않고, 삶을 잘 살아나갈 수 있게 같이 도와줄 수 있는 아빠가 좋은 아빠라고 생각하고, 그렇게 하기 위해 노력합니다.

아이와 친구같이 편하게 대화를 나눌 수 있는 아빠.
아이의 말을 주의 깊게 들어주는 아빠.
아이와 함께하는 시간이 즐거운 아빠.
늘 편안한 친구처럼. 그러나 때론 엄격한 아빠.

희노애락을 함께할 수 있다면 그 어떤 다른 설명이 필요할 것인가.

아이들에게 존경받을 수 있는 아빠.

아이들의 얘기를 잘 들어주는 아빠.

주관이 뚜렷한 아빠, 훈육할 때 훈육하고 표현할 때 표현할 줄 아는 아빠. 아이들과 눈높이를 맞출 줄 아는 아빠.

좋은 아빠는
함께하는 아빠다~~

좋은 아빠의 정의는 없다고 생각합니다.
다만 아이가 진심으로 좋아해주는 아빠가 좋은 아빠가 아닐까 싶습니다.
무조건 아이 말에 따르기만 해서 좋아하는 아빠가 아닌
아이가 우리 아빠가 나를 진정으로 사랑하고 있구나를 스스로 느끼고
아이 역시 아빠를 좋아해주는 그런 아빠가 되고 싶습니다.

아이와 공감하고 아이가 좋아하는 것을 즐겁게 같이 할 수 있는 아빠.
아이는 기르는 것이 아니라 함께 성장해나가는 동반자라는 것을 깨닫고 실천하는 아빠.